PETRA KUNZE | CATHARINA SALAMANDER

Die schönsten Rituale für Kinder

THEORIE

Ein Wort zuvor 5

RITUALE ALS LEBENSBEGLEITER 7

Rituale – so alt wie die Menschheit 8
Was sind eigentlich Rituale? 9
Das Familienleben bereichern.......... 13

PRAXIS

RITUALE IM KINDERALLTAG 19

Mit Ritualen in den Tag............... 20
Guten Morgen!...................... 21
Körperpflege mit Spaß................ 25

So macht Essen allen Freude........... 26
Familientreffpunkt Frühstückstisch..... 27
Viele Köche zaubern ein Essen 29
Gemeinsamer Genuss: zusammen
essen 31

Rituale in der Freizeit................. 36
Ruheinseln und Spielzeiten........... 37
Damit der Fernseher aus bleibt........ 39
Entspannungsinseln für Kinder 40

Guten Abend, gute Nacht 44
Schöne Abendrituale 45
Geborgenheit schenken 52

WICHTIGE SCHRITTE UND SCHWIERIGE ZEITEN 55

Den Weg ins Leben erleichtern......... 56
Wenn ein Baby kommt 57
Für eine schöne Stillzeit.............. 62

Krisenhelfer für Kleinkinder 64
Von der Windel aufs Töpfchen 65
Schnuller ade!...................... 67
Kleine Trotzköpfe brauchen Rituale..... 68

Erste Abschiede von daheim 72
Scheiden tut weh 73
Im Kindergarten.................... 75
Ab heute schon ein Schulkind......... 77

Krisen im Kinderalltag erfolgreich meistern	80
Streiten lernen, Kompromisse finden. . .	81
Krankheiten durchstehen	82
Ängste besiegen	85
Ein Geschwisterchen kommt	88
Trauer ausleben	90

FÜR BESONDERE ZEITEN 93

Das Familienleben ritualisieren	94
Immer wieder sonntags…	95
Eigene Familientraditionen finden.	99
Mit Ritualen durch das Jahr	104
Feste feiern, wie sie fallen	105
Kindergeburtstag	106
Frühling: Das Leben erwacht	110
Sommer: draußen in üppiger Natur. . . .	112
Extra: Spiele für unterwegs	114
Herbst: Farbe überall	115
Winter: die Zeit der vielen Feste	118

SERVICE

Bücher, die weiterhelfen	124
Internet-Adressen.	124
Sachregister.	125
Impressum	127

DIE AUTORINNEN

Petra Kunze studierte Germanistik, Soziologie und Ethnologie und legte das 1. Staatsexamen für das Lehramt an Gymnasien ab. Sie beschäftigte sich bereits während ihres Studiums mit dem Thema Rituale. Frau Kunze ist heute tätig als freie Autorin und Lektorin. Sie ist Mutter von zwei Kindern. Bei GU sind von ihr unter anderem erschienen: »Schlafen lernen. Sanfte Wege für Ihr Kind« und »300 Fragen zum Feng Shui«.

Catharina Salamander war ab 1977 als Grundschullehrerin tätig und erwarb 1980 das Montessori-Diplom. Anschließend lehrte sie an einer Montessori-Schule und bildete Lehrer und Studenten in Montessori-Pädagogik aus. 1992 legte sie ihr Diplom als Analytische Kinder- und Jugendlichen-Psychotherapeutin ab und arbeitet seither in eigener Praxis in München. Frau Salamander hat selbst drei Kinder.

EIN WORT ZUVOR

Alle uns bekannten Kulturen verfügen über ein dichtes Geflecht von Ritualen. Diese begleiten den Menschen durch die Übergangsphasen des Lebens und helfen ihm, die Anforderungen des Alltags zu meistern. In unserem Kulturkreis nehmen viele Menschen gar nicht mehr wahr, mit wie vielen Ritualen sie leben. Sie halten Rituale für überholt und meinen, ohne sie auszukommen. Oft ändert sich das schlagartig, sobald Kinder kommen: Die Kleinen bestehen auf lieb gewordenen Gewohnheiten, bedrängen ihre Eltern, ihnen die Gutenachtgeschichte zum fünften Mal vorzulesen, und freuen sich schon lange vorher auf Feste wie Weihnachten, Geburtstag und Ostern, die genauso ablaufen müssen wie im letzten und vorletzten Jahr. Uns Erwachsenen wird es da manchmal zu viel: Sollen die scheinbar verstaubten Traditionen aus dem eigenen Elternhaus wieder aufleben? Sind Gewohnheiten und feste Abläufe in unserem Leben wirklich nötig? Ja! Denn der Mensch ist ein Gewohnheitstier – und vor allem die Kleinsten sind auf verlässliche Regeln und Abläufe geradezu angewiesen. Dieser Ratgeber hilft Ihnen, das natürliche Bedürfnis Ihrer Kinder und Ihrer Familie nach Strukturen im Alltag, nach Sicherheit zu erfüllen. Wenn Sie die Hintergründe dafür kennen, werden Sie bald entdecken, wie viel Freude Sie alle an Ritualen haben – und vor allem: wie sehr Rituale Ihr Leben und das Zusammenleben mit Ihren Kindern bereichern. Sie erfahren, welche Bedeutung Rituale gerade für Kinder haben. Sie lernen viele Rituale für wichtige Alltagssituationen kennen – für ein harmonisches und angenehmes Familienleben. Außerdem finden Sie für die festlichen Tage und auch für die schwierigen Zeiten im Leben eines Kindes viele hilfreiche Informationen sowie bewährte und neue Rituale.

Petra Kunze
Catharina Salamander

RITUALE ALS LEBENSBEGLEITER

Ob beim Aufstehen, bei der Arbeit oder beim Feiern – viele Handlungen laufen nach ungeschriebenen Regeln ab. Erfahren Sie mehr über Rituale und ihre Kraft.

Rituale – so alt wie die Menschheit 8

Rituale – so alt wie die Menschheit

Rituale begleiten uns durch das ganze Leben – auch wenn uns das in unserer hochzivilisierten Kultur oft gar nicht mehr bewusst ist. Vor allem unseren Alltag könnten wir ohne Rituale nicht bewältigen. Das gilt für das Zusammenleben in der Familie ebenso wie für Freundschaften, für das Berufsleben und die täglichen Erledigungen. Besondere Tage wie Weihnachten oder Geburtstage werden erst durch Rituale zu wahren Festen. Und auch schwierige Zeiten können wir mit Ritualen besser meistern.

Der Begriff »Ritual« war bei uns lange Zeit verpönt. Denn vor allem in den 60er und 70er Jahren des vergangenen Jahrhunderts wurden Rituale mit sinnentleerten Traditionen und überholten kirchlichen oder volkstümlichen Bräuchen gleichgesetzt – und deshalb verworfen. Dabei übersah man, dass Rituale viele wichtige Aufgaben erfüllen. Nicht ohne Grund haben sie die Menschen zu allen Zeiten und an allen Orten begleitet.

Was sind eigentlich Rituale?

Viele verbinden auch heute noch überholte Traditionen oder langweilige Gewohnheiten mit dem Begriff »Ritual«. Andere haben bei diesem Wort etwas ganz Geheimnisvolles oder Archaisches vor Augen – etwa einen Volksstamm in Afrika, dessen Mitglieder um ein Lagerfeuer tanzen und ihren Göttern huldigen. Wieder andere denken an eigenartige religiöse Riten oder an schwarze Magie. Den wenigsten aber ist bewusst, dass Rituale in allen Kulturen existieren und jeden Menschen ganz selbstverständlich begleiten: von der Morgenwäsche bis zur Gutenachtgeschichte, von der Begrüßung bis zu den guten Vorsätzen für das neue Jahr. Ob in Australien oder in Europa, in der Steinzeit oder im dritten Jahrtausend – das menschliche Zusammenleben war und ist ohne eine Fülle von Ritualen gar nicht vorstellbar. Ohne die festen Abläufe von sinnvollen Ritualen wären unser Alltag und das Leben in der Gemeinschaft unendlich kompliziert.

DAS SIND RITUALE

Was das Besondere an Ritualen ist, lässt sich schnell erklären:
> Rituale folgen einem festen Ablauf.
> Sie unterliegen bestimmten Regeln oder/und einem Schema.
> Gewisse Verhaltensweisen werden in bestimmten Situationen wiederholt.
> Rituale werden geübt oder auch unbewusst vollzogen.
> Die Abfolge eines Rituals ist (nach einer Anfangsphase) vertraut.
> Der Sinn von Ritualen ist nicht logisch fassbar, sondern besteht darin, dass sie anerkannt und befolgt werden.

Rituale strukturieren den Alltag

Rituale sind grundsätzlich eine konstante Abfolge von Handlungen, bei denen eine bestimmte Form gewahrt wird. Von wem der Ablauf und die Form eines Rituals festgelegt werden, ist zweitrangig: Ob ich nun selbst bestimme, wie ich mich für die Nachtruhe fertig mache und wie ich Weihnachten feiere, oder ob ich alte Gewohnheiten und Familientraditionen übernehme – am Ende entsteht dabei ein mehr oder weniger festes Ritual, das ich an meine Familie weitergebe.

Mehr als nur Gewohnheit

Zu bestimmten Anlässen – ob zu besonderen wie dem Geburtstag oder zu alltäglichen wie dem Essen – finden Rituale regelmäßig und gleichförmig statt. So stärken sie die Identität eines Menschen und einer Gemeinschaft, geben Sicherheit, strukturieren das Leben und den Tagesablauf und helfen beim Lernen ebenso wie bei der Bewältigung von kleinen und größeren Krisen.

Manchmal ist ein Ritual vielleicht nur eine unreflektierte Gewohnheit, oft entsteht es aber auch bewusst und wohlüberlegt. In jedem Fall schöpfen Rituale ihre Kraft aus der Wiederholung, ohne die unser Leben ein Chaos wäre – denn Gewohnheiten strukturieren und managen den Alltag. Stellen Sie sich nur einmal vor, Sie müssten jeden Tag aufs Neue überlegen, wie Sie Ihre Abendtoilette gestalten, wie Sie sich auskleiden, wie herum Sie sich ins Bett legen und wie Sie am besten einschlafen: Wie viel Zeit und Energie würde das kosten! Sie wären den ganzen Tag über mit der Neuorganisation Ihres Lebens beschäftigt, und alles würde an jedem Tag wieder ganz von vorn anfangen. An ein Vorwärtskommen, eine Entwicklung und an effiziente Arbeit wäre dann nicht mehr zu denken, weil man sich den ganzen Tag über nur mit organisatorischen Kleinigkeiten beschäftigen würde.

RITUALE MACHEN EINFACH SPASS

In jeder Familie gibt es lustige kleine Spiele, die immer wieder gleich ablaufen, die Sicherheit und Zusammengehörigkeit vermitteln und bei denen man gemeinsam lachen kann. Solche Mini-Alltagsrituale entstehen oft ganz ungeplant: etwa immer die gleiche Antwort auf eine bestimmte Frage geben; beim Autofahren die Ortsschilder mit der kompletten Inschrift immer laut und im Chor lesen oder singen; wenn es an der Tür klingelt, immer »Besuch aus dem All« rufen …

Rituale prägen unsere Gesellschaft

Nicht nur für den Einzelnen, sondern auch für Gruppen und vor allem für eine Gesellschaft sind Rituale wichtige Bindeglieder. Das zeigen neben so eindrucksvollen Handlungen wie einem indianischen Stammestanz auch die vielen, für uns ganz alltäglichen und unspektakulären Gesten: Selbstverständliches, wie das Händeschütteln bei der Begrüßung oder sogar das Miteinander-Reden in einer gemeinsamen Sprache, sind letztlich nichts anderes als Rituale unserer eigenen Kultur.

Alles ist im Wandel

Ebenso wie die alltäglichen Gewohnheiten sind die christlichen Feste, die unsere westliche Gesellschaft so geprägt haben, Rituale. Gerade an ihnen ist deutlich zu erkennen, dass der Sinn von Ritualen verloren gehen kann und dies zunehmend auch tut. Taufe, Kommunion, Konfirmation und Heirat sind zwar für die meisten von uns noch immer Fixpunkte im Leben, die den Übergang in eine neue Lebensphase feierlich gestalten. Ihren eigentlichen Zweck, den Betroffenen und ihrer Umgebung diesen großen Schritt bewusst zu machen und zu erleichtern, erfüllen sie aber immer weniger – weil dabei meist mehr Wert auf Äußerlichkeiten gelegt wird.

Auch bei wichtigen Festen wie Ostern oder Weihnachten gerät der ursprüngliche Anlass, wie die Kreuzigung und Auferstehung Jesu oder die Bedeutung des Lichtes im Winter, immer mehr in Vergessenheit. Oft wird das Fest aufwendig organisiert, was nicht selten für alle Stress bedeutet. Das nimmt den Ritualen viel von ihrer Kraft und Wirkung, was zur Ablehnung und sogar zum Verlust von gesellschaftlichen Ritualen führen kann.

Wie bedeutsam Rituale für Menschen sind, zeigt die Tatsache, dass das Fehlen alter Rituale die Sehnsucht nach neuen weckt: Nicht umsonst feiern gerade in unserer Zeit des ständigen Wandels scheinbar vergessene Rituale wie das Sonnwendfeuer ein Comeback. Neue Rituale, etwa Scheidungsrituale, werden kreiert, und der Zulauf zu religiösen und esoterischen Angeboten mit besonderen Riten steigt kontinuierlich an.

RITEN UND REIME
Der Begriff »Ritual« ist abgeleitet vom lateinischen Wort »ritus«, das einen Brauch in Worten, Gesten und Handlungen oder das Vorgehen nach einer bestimmten Ordnung und Abfolge bezeichnet. Das deutsche Wort »Reim« ist eng damit verwandt.

NEGATIVE RITUALE

Vor allem in der Zeit nach dem Zweiten Weltkrieg wurden vorgegebene Regeln und Rituale immer mehr in Frage gestellt, denn mit ihnen wurden vor allem negative Traditionen verbunden: militärische und patriarchalische Strukturen, die freies Denken unterdrückten und die totalitäre Autorität der Nationalsozialisten festigen halfen. Hier wurden Rituale zum beengenden, beängstigenden Zwang, von dem sich die Menschen schließlich mühsam wieder befreien mussten.

Wenn Rituale einschränken

So sinnvoll und notwendig Rituale sind: Sie bergen auch Gefahren in sich. Es ist wichtig, diese zu kennen, um das große positive Potenzial wirklich nutzen zu können. So können Rituale starr und inhaltsleer werden und zu reinen Floskeln und mechanischen Handlungen verkommen, wenn sie nicht mehr hinterfragt, sondern einfach nur noch aus Bequemlichkeit oder aus Angst vor Veränderung vollzogen werden. Dann können sie das eigenständige Denken blockieren – und die Sicherheit, die Rituale eigentlich vermitteln sollen, kann auf diese Weise gar nicht entstehen. Vor allem Kinder empfinden solche starren Rituale, etwa den obligatorischen Spaziergang am Sonntag, als Gängelei. Rituale können dazu verleiten, an Gewohntem festzuhalten, und dadurch notwendige Entwicklungen verhindern.

Manche Menschen leiden auch unter Zwangsritualen. Sie verspüren zum Beispiel einen Putz- oder Waschzwang, oder sie müssen mehrmals in ihre Wohnung zurückkehren, um zu überprüfen, ob sie auch wirklich den Herd ausgeschaltet haben.

Vor allem wenn Schlagen, Schimpfen, Drohen oder Bestrafen rituellen Charakter annehmen, kann das für Kinder schlimme Folgen haben. Solche Strafrituale sind zum Beispiel das In-der-Ecke-stehen-Müssen oder das Drohen mit Liebesentzug, also Aussprüche wie »Wenn du das tust, habe ich dich nicht mehr lieb«. Rituale dürfen nie zur Machtausübung missbraucht werden!

Es ist besonders wichtig, dass Sie den Sinn und die Funktion von Ritualen immer wieder hinterfragen und überprüfen, ob sie noch den aktuellen Bedürfnissen aller Beteiligten entsprechen. Nur Rituale, die immer wieder den neuen Anforderungen angepasst werden, die also flexibel sind und auch einer kritischen Prüfung standhalten, helfen uns im Alltag und machen unser Leben wirklich reicher und schöner – und nur solche Rituale sollten wir unseren Kindern vermitteln.

Das Familienleben bereichern

Rituale tragen dazu bei, dass eine Familie die innere Einheit, das gewisse Etwas findet, das sie als Gemeinschaft so einzigartig macht. Für Kinder ist es deshalb besonders wichtig, dass es in ihrer Familie Rituale gibt, aus denen sie Kraft und Sicherheit, aber auch ein wichtiges Stück eigener Identität schöpfen.

Allen Familienmitgliedern helfen Rituale dabei, sich als zusammengehörig zu definieren und als unverkennbare und einzigartige Gemeinschaft zusammenzuwachsen. Denn Rituale haben auch den Sinn, die Beziehungen zwischen Menschen zu festigen und gemeinsame vertraute Situationen zu schaffen. Deshalb entwickelt jede Familie im Laufe der Zeit ihre eigenen Rituale. Diese setzen sich meist zusammen aus einigen der Familientraditionen, die Mutter und Vater in ihrer Kindheit erfahren haben, und einer großen Portion eigener Vorstellungen von Eltern und Kindern, wie Feste oder wiederkehrende Ereignisse ablaufen sollen.

> **ANGST NEHMEN**
> Ein gutes Beispiel, wie Rituale wirken, ist das Zubettgehen: Viele Kinder haben Angst im Dunkeln. Ein kleines Spiel oder die vertraute Gutenachtgeschichte geben dann Sicherheit und beruhigen Ihr Kind.

Die Kraft der Rituale nutzen

Abgesehen davon, dass alle Menschen Rituale brauchen und anwenden, ist es für Sie als Eltern oder auch als Betreuer von Kindern besonders hilfreich, Rituale gezielt einzusetzen. Nutzen Sie die vielen Vorteile dieser Alleskönner, um den Kindern und sich selbst das gemeinsame Leben zu erleichtern und zu verschönern. Denn mithilfe von Ritualen wird es Ihnen leichter fallen, in Ihrer Familie Regeln einzuführen, Grenzen zu setzen und Ihre Kinder durch kleine und größere Krisen zu begleiten. Verbunden mit einem verlässlichen Ritual wird das abendliche Zubettgehen weniger ein zermürbender Kampf als vielmehr ein selbstverständlicher und schön gestalteter Abschluss eines gemeinsamen Tages (siehe ab Seite 44). Ihr Kind wird auch mehr Freude daran haben, von den Windeln auf den Topf oder die Toilette umzusteigen, wenn Sie diesen Lernprozess mit einem geeigneten Ritual begleiten (siehe ab Seite 65). Und der Abschied vom Schnuller fällt mit einer feierlichen »Übergabezeremonie« auch leichter (siehe Seite 67).

Oft sind Eltern ganz erstaunt, wie bereitwillig ihre Kinder Regeln und Grenzen akzeptieren, wenn diese in passende Rituale gekleidet sind. Häufig ersparen die Kinder sogar ihren Eltern das Kopfzerbrechen, denn sie sind sehr erfinderisch, was neue Rituale betrifft. Reagieren Sie immer darauf, wenn Ihr Kind sich ein Ritual selbst erschafft, und nehmen Sie dieses nach Möglichkeit in Ihr Familienleben auf!

DAS KÖNNEN RITUALE

- > Gedächtnis und Denkvermögen schulen
- > Lernen und Konzentration erleichtern
- > Selbstständigkeit fördern
- > Regeln akzeptierbar machen
- > Grenzen setzen
- > Ordnung und Kontinuität schaffen
- > Krisen bewältigen helfen
- > Sicherheit und Orientierung vermitteln
- > Geborgenheit schenken
- > Halt und Vertrauen geben
- > die Identität des Einzelnen stärken
- > die Gemeinschaft stärken
- > Ängste reduzieren
- > Gefühle ausdrücken helfen

Die Familienbande stärken

Es gibt viele verschiedene Möglichkeiten, um Rituale zu finden oder mit Ihren Kindern neu zu kreieren, die all das leisten können, was Ihnen wichtig ist.

> Sie können Traditionen übernehmen: Schauen Sie sich innerhalb Ihrer eigenen Herkunftsfamilie oder auch von anderen Familien die Klassiker ab, die schon seit Generationen gute Dienste leisten.
> Sie können sich neue Rituale ausdenken: Dabei sollte am besten die ganze Familie mitwirken. Suchen Sie nach Ritualen, die Ihr Zusammenleben schöner und harmonischer machen und die es nur bei Ihnen gibt.
> Lassen Sie Ihre Kinder Rituale erfinden: Kinder entwickeln häufig von sich aus Rituale, die Sie dann übernehmen können.
> Oft sind Rituale einfach Zufallsprodukte: Sie entstehen aus dem Bedürfnis heraus, eine schöne, lustige, angenehm gruselige oder gemütliche Situation immer wieder zu erleben.
> Variieren Sie ein Ritual so lange, bis es allen Beteiligten gefällt. Oft hilft eine kleine Veränderung im Ablauf, und ein ungeliebtes Ritual wird doch noch akzeptiert.
> Bessern Sie bestehende Rituale immer wieder nach, damit diese mit Ihren Kindern und Ihrer Familiensituation mitwachsen.

Liebevolle Erziehungshelfer

Das Beispiel der antiautoritären Erziehung in den 60er und 70er Jahren des vergangenen Jahrhunderts ist ein Beleg für den gescheiterten Versuch, Regeln, Rituale und Traditionen in der Familie über Bord zu werfen. Die Achtundsechziger setzten Rituale mit unreflektierten Traditionen gleich: Diese gehörten nach der nun vorherrschenden Meinung an den Stammtisch, in den Schützenverein und in die Kirchen – nicht aber in die Familien. Dieser »Befreiungsschlag« bedeutete für viele Kinder, dass sie auf Regeln und Strukturen verzichten mussten, die ihnen Halt und Geborgenheit vermittelten: Sie wurden antiautoritär erzogen, was oft zur Folge hatte, dass sie keine Grenzen kennen lernen konnten und ihnen grundlegende Umgangsformen fremd waren.

WICHTIG
Auf Rituale bewusst zu verzichten engt die Verhaltensmöglichkeiten ein, denn persönliche Freiheit hat viel mit einer festen Basis zu tun.

STETER WANDEL
Die Kinder wachsen, das Leben verändert sich – und die Rituale und Regeln müssen immer wieder aufs Neue den Bedürfnissen der ganzen Familie angepasst werden.

Fördern statt einengen

Dabei engen positive Rituale Kinder gar nicht ein, sondern unterstützen sie in ihrer gesunden Entwicklung sogar ganz beachtlich. Sie fördern die Selbstständigkeit und die Entwicklung der Kinder, schulen das Denkvermögen und den Ordnungssinn, helfen Krisen zu bewältigen und sich an bestimmten Werten zu orientieren. Und sie vermitteln nicht zuletzt Vertrauen und Sicherheit. Darüber hinaus helfen Rituale einem Kind, sich seiner Identität bewusst zu werden. Sie strukturieren das Leben, machen sogar das Lernen leichter und können auch dazu beitragen, dass Kinder ihre Ängste besiegen lernen.

Zudem zeigen sich gerade in der Erziehung viele positive Eigenschaften von Ritualen. Diese sind nämlich bemerkenswert vielseitig und können auch bei schwierigen pädagogischen Herausforderungen ihre besonderen Qualitäten zur Geltung bringen: liebevoll Grenzen setzen, Werte vermitteln und Regeln aufstellen – ohne zu strafen oder zu kränken.

Regeln und Grenzen ritualisieren

Im Alltag einer Familie geht es vor allem darum, das gemeinsame Leben zu gestalten. Dafür gibt es eine ganze Reihe von Regeln, die das Zusammenleben erleichtern und es für alle angenehm machen sollen. Es ist ein permanenter Prozess, solche Regeln – und die dazugehörigen Grenzen – zu vermitteln.

Für weniger Erziehungsstress

Eltern können manchmal fast verzweifeln, wenn sie ihren Kindern Regeln und Grenzen beibringen möchten, die diese einfach nicht befolgen wollen. Das kann verschiedene Ursachen haben. Fest steht aber: Wenn Sie Regeln zu Ritualen werden lassen, werden sie leichter akzeptiert – vor allem, wenn Sie Ihre Kinder dabei aktiv mit einbeziehen. Zahlreiche Anregungen dafür finden Sie in den folgenden Kapiteln.

Damit ritualisierte Regeln funktionieren, sollten Ihnen einige Grundsätze bewusst sein. Wir haben sie im Kasten auf der rechten Seite für Sie zusammengefasst.

SO WERDEN REGELN ZU RITUALEN

> **Was wollen Sie mit dem Ritual bewirken?** Bevor Sie ein Ritual in Ihre Familie einbringen, also einen Ablauf ritualisieren, sollten Sie sich folgende Fragen beantworten: Welches Ziel soll mit dem Ritual oder der Vereinbarung erreicht werden? Kann Ihr Kind die gewünschte Regel überhaupt befolgen – entspricht sie seinem Alter, seinem Entwicklungsstand und seinen Fähigkeiten?

> **Regeln begründen.** Erklären Sie Ihrem Kind immer, wozu Sie eine bestimmte Regel aufstellen. Wenn es den Sinn versteht oder zumindest spürt, dass Sie Gründe dafür haben und nicht willkürlich etwas fordern, wird es neue Regeln bereitwilliger akzeptieren.

> **Vorteile neuer Regeln aufzeigen.** Sie sollten auch die Vorteile und Notwendigkeiten bestimmter Regeln herausstellen, damit Ihr Kind sieht, dass es selbst von den Regeln profitiert.

> **Vereinbartes konsequent einhalten.** Regeln haben nur dann Sinn, wenn sie auch konsequent eingehalten werden. Das bedeutet: Sie sind so lange gültig und verbindlich für alle – auch für Sie selbst natürlich! –, bis sie durch neue ersetzt oder in gegenseitigem Einvernehmen aufgelöst werden. Dazu gehört auch, dass Sie, möglichst gemeinsam mit den Kindern, festlegen, welche Folgen ein Nichteinhalten hat.

> **Regeln gelten – bis auf Ausnahmen.** Zu einem besonderen Anlass oder aus einem bestimmten Grund werden Regeln auch mal aufgehoben. Das sollten Sie dann aber ausdrücklich betonen.

> **Gemeinsam Regeln aufstellen.** Es ist immer erfolgreicher, wenn Sie möglichst wenige, klare Regeln einführen, die auch wirklich durchführbar sind. Besonders wirksam sind Regeln, die Sie gemeinsam mit dem Kind vereinbart haben – vielleicht mithilfe eines Kompromisses. Wahrscheinlich wird sich Ihr Kind penibel daran halten – und auch bei Ihnen nichts durchgehen lassen!

> **Immer wieder motivieren.** Loben Sie Ihr Kind vor allem am Anfang dafür, dass es sich an Regeln hält. Das motiviert es, sich auch weiter an Vereinbarungen zu halten.

> **Keine Strafrituale.** Rituale dürfen nie Strafe sein, sie müssen sich immer am Positiven orientieren.

RITUALE IM KINDERALLTAG

Rituale sind wichtige Stützpunkte im Alltag. Sie begleiten Ihr Kind beim Wecken und Schlafengehen, beim Frühstück und Abendessen, beim Spielen und Entspannen.

Mit Ritualen in den Tag 20
So macht Essen allen Freude 26
Rituale in der Freizeit 36
Guten Abend, gute Nacht 44

Mit Ritualen in den Tag

Wir alle leben mit einer Vielzahl von Ritualen. Betrachten Sie nur einmal Ihren Tagesablauf: Wie viele kleine Handlungen laufen da immer wieder gleich ab! Wie stehen Sie auf, was tun Sie zuerst, wie frühstücken Sie, welchen Weg nehmen Sie zur Arbeit, was tun Sie, wenn Sie nach Hause kommen? Vielleicht erschrecken Sie über das Gewohnheitstier in sich. Das brauchen Sie aber nicht, denn dahinter steckt ein natürliches Bedürfnis nach verlässlichen Strukturen und Regeln im Alltag, nach lieb gewordenen Traditionen: das Bedürfnis nach Sicherheit.

Das erklärt auch, warum Kinder ein solch starkes Verlangen nach Regeln und Ritualen haben – je kleiner die Kinder sind, umso mehr. Es ist nicht immer leicht, den Tag klar, aber dennoch abwechslungsreich zu strukturieren. Bei dieser schwierigen Aufgabe helfen uns Rituale: Sie vermitteln uns und unseren Kindern Sicherheit und Verlässlichkeit. Sie helfen, morgens aufzuwachen ohne Angst vor einem Tag, von dem völlig ungewiss ist, was er bringen wird. Die Vorfreude auf das bekannte Frühstücksritual, auf die verlässliche Spielstunde mit der Mutter am Nachmittag, auf die schöne Gutenachtgeschichte und das friedliche Einschlafen nach einem erfüllten Tag machen es jedem Kind leichter, morgens zuversichtlich aufzustehen.

Guten Morgen!

Wann haben Sie das letzte Mal verschlafen, sind hochgeschreckt, haben sich in aller Eile gewaschen, angezogen und sind im Sturmschritt aus dem Haus geeilt? Meist ist nach einem solchen Start auch mit dem restlichen Tag nicht mehr viel anzufangen.

Ein ruhiger und friedlicher Tagesbeginn dagegen motiviert für viele Stunden. Auch Kindern gibt ein Morgen ohne Hektik, begleitet von kleinen, vertrauten Ritualen, Kraft und Sicherheit für einen oft aufregenden, in jedem Fall erlebnisreichen Tag.

Den Tag begrüßen

Der Morgen ist eine Zeit des Übergangs – die Nacht endet, ein neuer Tag beginnt. Viele Erwachsene ziehen sanfte Radiomusik zum Aufwachen einem lauten Wecker vor. Das hat gute Gründe: Der Start in den Tag soll ruhig sein, die Musik oder die Radiostimme mischt sich allmählich in den letzten Traum, bevor wir endgültig aufwachen. Ganz ähnlich geht es auch Ihrem Kind. Es zieht eine sanfte Weckmethode bestimmt lautem Gerassel und hektischer Betriebsamkeit vor. Das Aufwachen und Aufstehen fällt dann immer noch schwer genug – zumindest den größeren Kindern, denn Babys und Kleinkinder wachen meist ohnehin vor ihren Eltern auf. Doch auch den Jüngsten – und ihren müden Eltern – tut ein ruhiges Morgenritual gut.

NACHT UND TAG

Das Aufstehen am Morgen ist ein kleines Übergangsritual. Morgens müssen wir Abschied nehmen von der Nacht und in den neuen Tag eintreten. Gerade in solchen Momenten sind zuverlässige Rituale besonders wichtig.

Aufstehrituale für die Kleinsten

Ob zärtlicher Kuschelstart, gemeinsames Lachen, sanftes Kitzeln oder ein kleines Krabbel-Fingerspiel – mit kleinen Guten-Morgen-Ritualen lassen Sie den Tag für Ihr Kind möglichst ausgeglichen, fröhlich und ohne Hektik beginnen. Vielleicht darf Ihr Kind morgens vor dem Aufstehen noch etwas im Bett spielen oder die Morgenflasche in Ihrem Arm trinken. Die meisten Babys und Kleinkinder finden es auch schön, wenn im Bett noch eine Spieluhr abläuft, die sie mit einer vertrauten Melodie langsam in den Tag gleiten lässt.

Wachmacher für kleine und größere Kinder

Wenn Sie beide arbeiten oder Ihr Kind schon in den Kindergarten oder in die Schule geht, müssen Sie es wahrscheinlich oft wecken und bitten aufzustehen, obwohl es vielleicht lieber noch im Bett bleiben möchte. Für viele Eltern ist das eine typische Stresssituation. Es geht aber auch anders:

> Machen Sie Ihr Kind möglichst ruhig und liebevoll, am besten schmusend und mit ganz viel Körperkontakt wach. So kann es sich gemütlich von der Nacht verabschieden.
> Viele Kinder mögen es, wenn sie in der Früh noch kurz zu den Eltern unter die Bettdecke krabbeln dürfen – oder wenn Mama oder Papa zum Wecken ins Bett des Kindes schlüpft und den kleinen Schläfer liebevoll mit Streicheleinheiten und Küsschen aufweckt, vielleicht auch mit einem Lied oder Gedicht.

AUFWACHLIED FÜR KLEINE LANGSCHLÄFER

Steh auf! Steh auf!
Zum Wasserchen lauf!
Wasch dir behend
Füßchen und Händ!
Steh auf! Steh auf!
Zum Wasserchen lauf!

Steh auf! Steh auf!
Zum Spiegelein lauf!
Kämme dich fein!
Lache hinein!
Steh auf! Steh auf!
Zum Spiegelein lauf!

Steh auf! Steh auf!
Zum Tischelein lauf!
Ist schon gedeckt.
Hei, wie das schmeckt!
Steh auf! Steh auf!
Zum Tischelein lauf!

FINGERSPIEL ZUM WACHWERDEN

Dieses kleine Spiel ist ein Klassiker: Wandern Sie mit zwei Fingern langsam am Arm Ihres Kindes nach oben bis zu seinem Hals, und sprechen Sie dabei den folgenden Vers:
Kommt eine Maus,
die baut ein Haus.
Kommt ein Mückchen,
baut ein Brückchen.
Kommt ein Floh,
der macht – so! (Kitzeln!)

Das Lach-dich-wach-Ritual
Es gibt morgens einfach nichts Schöneres, als mit einem Lachen aufzuwachen. Probieren Sie doch mal, Ihr Kind mit einem kleinen Vergnügen in den Tag zu locken:
> Nehmen Sie eine Kasperlpuppe oder das Kuscheltier Ihres Kindes, lassen Sie den kleinen Stellvertreter das Wecken übernehmen und Ihr Kind sanft wach kitzeln.

Vorfreude wecken
Wenn Ihr Kind trotz allem immer noch nicht aufstehen will, erzählen Sie ihm, was es Besonderes erwartet an diesem Tag, was für leckere Sachen auf dem Frühstückstisch stehen oder welche schönen Kleider es anziehen darf.
Einem Schulkind können Sie auch schon ein bisschen Verantwortung übertragen, indem es für das rechtzeitige Aufstehen selbst zuständig ist. Sagen Sie Ihrem Kind: »Nur dein Wecker klingelt morgens. Und du darfst allein aufstehen und mich wecken.« Zur Sicherheit können Sie Ihren eigenen Wecker ja trotzdem stellen – aber auf etwas später als den Ihres Kindes.

So gelingt der Start in den Tag

Wichtig für einen gelungenen Tagesbeginn, vor allem mit Kindern: Stehen Sie nicht in letzter Minute auf, sondern etwas früher, damit Sie ohne Hektik in den Tag starten und den Morgen genießen können! Davon, wie die erste Stunde nach dem Aufstehen verläuft, hängt oft ab, wie man sich den Tag über fühlt. Und: Es geht wie bei allen Ritualen für Kinder nicht darum, besonders originelle oder zeitaufwendige Versionen zu finden. Viel wichtiger ist es, die ausgewählten Rituale regelmäßig, verlässlich und liebevoll einzusetzen – nur dann erfüllen sie ihre Aufgabe!

Anziehen mit Zuspruch

Wenn Sie das An- und Ausziehen mit kleinen Versen begleiten, wird es für Sie und Ihr Kind lustiger und entspannter.

> Ein Klassiker ist dieser Reim aus »Peterchens Mondfahrt«: »Rechtes Bein – linkes Bein, rechtes Bein und linkes Bein...« (Hose) »... und dann kommt das Flügelein...« (Pulli), »... summ, summ, summ« (Kind in den Arm nehmen und sich gemeinsam im Kreis drehen).

GU-ERFOLGSTIPP

Mit einer »Stimmungsuhr« können Sie ein ganz besonderes Morgenritual einführen: Schneiden Sie eine runde Scheibe aus Karton aus. Kleben oder malen Sie wie bei den Ziffern einer Uhr zwölf Gesichter darauf, die deutlich verschiedene Gefühle ausdrücken: traurig, lustig, glücklich, zufrieden, gelangweilt, wütend... Befestigen Sie in der Mitte der Stimmungsuhr mit einer Klammer einen Zeiger, den Ihr Kind jeden Morgen oder auch im Laufe des Tages auf seine momentane Stimmung einstellen kann. Das macht viel Spaß, und Ihr Kind lernt seine Gefühle besser wahrzunehmen und auszudrücken. Vielleicht kann es ja auch Ihre Stimmung herausfinden? Möglicherweise bekommt jedes Familienmitglied seine eigene Uhr. Alle Uhren können dann zum Beispiel in der Küche aufgehängt werden.

Körperpflege mit Spaß

Sie können viel dafür tun, dass Ihr Kind ein positives Körperbewusstsein entwickelt und kein Hygienemuffel wird: Zeigen Sie ihm, dass Körperpflege Spaß machen und ein Genuss sein kann. Je früher Sie lustige Waschrituale einführen, desto selbstverständlicher wird die Körperpflege für Ihr Kind. Sind Waschen und Zähneputzen Teil des Morgen- und Abendrituals, wird es von selbst darauf achten, dass nichts vergessen wird. Im Vorschulalter darf es sich vielleicht schon an bestimmten Tagen selbst waschen und die Zahnpasta auf die Bürste drücken, selbst putzen (Sie putzen nach) und den Mund ausspülen. Im Schulalter kann es sich bald allein waschen und seine Zähne putzen.

Natürlich müssen Sie auch zu Zugeständnissen bereit sein – Kinder machen sich nun mal schnell schmutzig. Reagieren Sie nicht streng oder strafend, sondern mit der normalen Konsequenz: Es wird einfach gemeinsam wieder sauber gemacht. Und das kann sogar Spaß machen. Dabei ist es wichtig, dass Sie es mit der Hygiene nicht übertreiben: Ein Kind muss nicht jeden Tag abgeseift oder gar gebadet werden – es sei denn, es hat sich im Schlamm gewälzt. Und auch dann genügt in der Regel eine kurze Dusche. Mehr zum Thema Waschen finden Sie auch ab Seite 47.

Gut gewaschen

Mit etwas Fantasie wird das Waschen und Pflegen für Sie und Ihr Kind zu einer erfreulichen Angelegenheit:

> Das morgendliche Waschen verwandelt ein fröhliches Lied oder ein origineller Waschlappen in ein spielerisches Ritual. Besonders schöne Tierwaschlappen gibt es zum Beispiel in der Kinderabteilung von Buchläden.
> Beim Eincremen wird Ihr Kind zuerst zum weißgetupften Marienkäfer – und darf die Punkte dann selbst verteilen.
> Auch das obligatorische Händewaschen vor dem Essen kann ein lustiges Ritual werden, wenn alle zusammen einen Händesalat machen: Stellen Sie sich gemeinsam ans Waschbecken, und waschen Sie kunterbunt durcheinander alle Hände mit viel Wasser und Seife, erst langsam, dann immer schneller.

RITUALE WACHSEN MIT

Je größer Ihr Kind wird, umso eigenständiger kann es seine Körperpflege übernehmen. Das fördert seine Selbstständigkeit und gibt ihm Selbstvertrauen.

So macht Essen allen Freude

Essen ist viel mehr als ein Grundbedürfnis: Es bedeutet auch Fürsorge, Zuwendung und Lustbefriedigung. Aber Essen kann auch früh zum Ersatz für andere, ungestillte Bedürfnisse werden: Bekommt ein Baby die Brust oder Flasche nicht nur zum Stillen seines Hungers, sondern auch um getröstet, abgelenkt oder beruhigt zu werden, wird aus dem negativen Ritual eine Angewohnheit, die sich später zu einer Essstörung entwickeln kann. Beim Essen sind daher von Anfang an einige Regeln und schöne Rituale wichtig.

Familientreffpunkt Frühstückstisch

Das Frühstück ist für viele Familien die erste Zusammenkunft des Tages. Beim gemeinsamen Essen kann man die vergangene Nacht besprechen, etwa von besonders schönen Träumen erzählen oder vom Wachwerden und Aufstehen mitten in der Nacht. Man kann den bevorstehenden Tag planen, und alle können erzählen, was sie an diesem Tag erwartet. So findet ein wichtiger Austausch statt, auch wenn die Familienmitglieder tagsüber oft getrennte Wege gehen. Den meisten Kindern tut es gut, wenn sie am Morgen zum Beispiel von plagenden Träumen, von anstehenden Konflikten oder von einer für diesen Tag angesagten Schulprobe erzählen können. Das nimmt viel seelischen Druck und erleichtert den Start in den Tag oft erheblich.

Steht dem Kind ein schwieriger Tag bevor, hilft es, auch auf etwas Schönes an diesem Tag hinzuweisen. Vielleicht darf sich Ihr Kind das Mittagessen aussuchen. Oder Sie planen für den Nachmittag etwas Gemeinsames, das ihm besonderen Spaß macht.

Auch Morgenmuffel haben Rechte!

Rituale müssen den Bedürfnissen von Kindern und Eltern gerecht werden. Und so schön Morgenrituale sein können – niemand sollte sich dazu genötigt fühlen! Nicht nur unter den Erwachsenen gibt es Morgenmuffel, sondern auch Kinder dürfen welche sein. Vielleicht ist Ihr Kind morgens noch nicht ganz da und will beim Frühstück nichts erzählen – dann kann es das, wenn es mag, ja auch beim Abendessen noch tun!

Für Sie als Eltern gilt: Wenn Sie optimistisch in den Tag starten und auch schwierigere Herausforderungen und anstehende lästige Aufgaben mit Zuversicht angehen, leben Sie Ihrem Kind etwas Wichtiges vor. Das hat aber nur Sinn, wenn es authentisch ist. Kinder haben sehr feine Antennen. Sie merken gleich, wenn man ihnen etwas vormacht. Deshalb ist es auch in Ordnung, auf ein Frühstücksritual zu verzichten, wenn es für Sie eine Qual ist, dafür früher aufzustehen und gleich am Morgen schon so viel zu machen. Es bleibt ja immer noch der Sonntag für ein (spätes) genüssliches Frühstück.

PAPA-ZEIT

In manchen Familien ist das Frühstück nahezu die einzige Gelegenheit für die Kinder, während der Woche Zeit mit dem Vater zu verbringen, weil er vielleicht abends erst spät nach Hause kommt. In diesem Fall kann das Frühstück ein fester gemeinsamer Termin werden.

GU-ERFOLGSTIPP

»Ich geb dir was mit«: Wenn Ihr Kind einen besonders anstrengenden Tag vor sich hat oder wenn ihm grundsätzlich die Trennung am Morgen sehr schwer fällt, helfen Sie ihm doch mit diesem kleinen Ritual: Legen Sie auf seinen Frühstücksplatz eine Kleinigkeit von sich – ein Schmuckstück, ein Tuch oder etwas anderes. Das darf Ihr Kind bei sich tragen, solange es von Ihnen getrennt ist. Es kann so immer wieder »Kontakt« mit Ihnen aufnehmen und sich in schwierigen Momenten stärken. Vielleicht möchte Ihr Kind Ihnen auch ein besonders liebes Stück von sich mitgeben, etwa ein Schmusetier, das Sie den ganzen Tag an Ihr Kind erinnert.

Das Frühstücksritual

So wird das gemeinsame Frühstück zu einem schönen Ereignis im Tageslauf, das Kraft für den ganzen Tag gibt:

> Wenn genug Zeit ist, können zwei zusammen frische Brötchen vom Bäcker holen.
> Jeder darf aus seiner Lieblingstasse trinken und an seinem angestammten Platz sitzen. Alle dürfen so viel oder wenig essen, wie sie wollen.
> Erzählen Sie einander, wie Sie geschlafen haben und was Sie geträumt haben.
> Besprechen Sie, was jeden an diesem Tag erwartet: Reden Sie über bevorstehende schwierige Aufgaben, aber auch über erfreuliche Höhepunkte.
> Stimmen Sie sich auf den Vormittag ein und verabreden Sie gemeinsame Zeiten für den Tag, zum Beispiel wenn es einen sportlichen Wettkampf oder einen Test vor sich hat.
> Bereiten Sie eine leckere Brotzeit für Ihre Kinder vor. Ältere werden sicher gern mithelfen oder die Pausenmahlzeit gleich selbst zubereiten.
> Wenn Ihr Kind ein bisschen Aufmunterung braucht, verstecken Sie doch etwas Besonderes unter seinem Frühstücksteller. Das kann ein Zettel mit einer liebevollen Botschaft sein oder ein Glückscent für den bevorstehenden Tag.

So macht Essen allen Freude

Viele Köche zaubern ein Essen

Gemeinsame Küchenrituale sind in vielerlei Hinsicht sehr wertvoll: Sie fördern die Alltagskompetenzen Ihres Kindes und das praktische Tun, und sie bieten sinnliche Erfahrungen. Denn nirgendwo im Haus gibt es so viele Sinneseindrücke wie in der Küche: unzählige Gerüche, unendlich viel zu sehen, höchst interessante Geräusche, so viele Dinge zum Anfassen – und zum Schluss das leckere Ergebnis. Außerdem stärkt die Küchenarbeit im Team die Familienbande, da gemeinsam etwas für alle getan wird. Zudem gewinnt Ihr Kind an Selbstwertgefühl, weil es etwas zum Gelingen des Essens beiträgt.

Echte Handarbeit

Teig kneten ist eine Lieblingsbeschäftigung von Kindern: ein sinnliches Erlebnis, das zudem die Grob- und Feinmotorik unterstützt. Außerdem führt es zu einem schmackhaften oder, im Falle von Salzteig, zu einem kreativen Ergebnis. Erinnern Sie sich: Das gemeinsam gesungene Kinderlied »Backe, backe Kuchen…« ist die ideale musikalische Umrahmung! Übrigens hilft so ein Klumpen Teig auch kleinen Trotzköpfen: Wut lässt sich prima in einen Teig kneten (siehe auch Seite 71).

Erste Versuche allein

Wenn Ihr Kind viel in der Küche mithilft, wird es bald selbst einmal etwas kochen oder backen wollen. Es gibt viele Rezepte, die Kinder schnell und problemlos nachkochen können. In Koch- und Backbüchern für Kinder (siehe »Bücher, die weiterhelfen«, Seite 124) finden Sie zahlreiche Anregungen dazu, was Ihr Kind schon früh selbst kochen oder backen kann. Vielleicht darf es einmal in der Woche oder im Monat Chefkoch und Hauptverantwortlicher sein? Natürlich darf es sein Gericht dann auch der Familie servieren, und alle kosten davon!

TIPP: Mürbteig zum Formen
Zum Teigformen eignet sich Mürbteig besonders gut. Ihr Kind kann damit zum Beispiel essbare Figuren formen. Hier das Grundrezept: 200 g Mehl mit 1 Ei, 100 g Zucker, 1 Päckchen Vanillezucker und 70 g kalter Butter schnell mischen und gut verkneten. Zwei Stunden in Folie gewickelt im Kühlschrank ruhen lassen. Dann kleine Stücke abschneiden, auf der Arbeitsplatte zu Schlangen rollen und daraus Brezeln, Buchstaben und Zahlen formen. In 10–15 Min. bei 200 °C backen und verzieren.

DOPPELTER GENUSS
Wenn sie in der Küche und beim Tischdecken mithelfen dürfen, schmeckt es Kindern zweimal so gut.

Für besondere Küchentage

Vom Küchenhelfer zum Küchenchef: In der Küche werden eine Menge Leute gebraucht. Schon mit wenigen Requisiten und Vorbereitungen kann es losgehen.

> Eine weiße Kochmütze und Schürze für den Koch, eine kleine bunte Schürze oder ein Küchentuch um den Bauch für den Helfer, eine Fliege für den Kellner – dann werden die Rollen gespielt und später getauscht.

> Veranstalten Sie einen Geruchs- und Geschmackstest: Lassen Sie Ihr Kind mit verbundenen Augen nicht nur an verschiedenen Gewürzen schnuppern, sondern auch an Obststückchen, Gemüseschnitzen oder verschiedenen Wurst- und Käsesorten. Na, schon erkannt, was es ist? Oder doch lieber gleich noch den Geschmack testen?

> Mit Plätzchenformen kann Ihr Kind nicht nur Plätzchenteig ausstechen – zur Feier eines Tages darf es auch Käse- und Wurstscheiben oder Brot damit in Form bringen und auf einem großen Teller schön anrichten. Wenn Ihr Kind will, kann es gleich die Brote für die ganze Familie bestreichen.

> Mit allerlei frisch zurechtgeschnittenen Gemüsehäppchen und selbst gepflückten Kräutern darf Ihr Kind die kalte Platte dekorieren. Vielleicht möchte es mit den Zutaten ja auch ein Gesicht oder etwas anderes gestalten.

Gemeinsamer Genuss: zusammen essen

Zelebrieren Sie Ihre Mahlzeiten sooft es geht. Planen Sie dazu viel Zeit ein. Das gemeinsame Essen dient auch der Erholung und dem Auftanken. Essenszeiten sollten echte Familienzeiten sein, Zeiten der Gemeinsamkeit, auch wenn dabei manchmal nur ein Teil der Familie am Tisch sitzt.

Ihr Kind sollte früh lernen, dass jede Mahlzeit ein genussvolles, ruhiges Zusammenkommen mit Familienmitgliedern ist. Schon beim Stillen können Sie Ihr Baby diese Erfahrung machen lassen (siehe ab Seite 62). Und Sie können Ihrem Kind später zeigen, wie selbstverständlich es ist, dass das Essen nicht hastig hinuntergeschlungen wird. Durch einen entsprechenden Rahmen können Sie die Bedeutung einer Mahlzeit unterstreichen: Ein hübsch gedeckter und dekorierter Tisch mit stimmungsvollem Kerzenlicht lässt manche Mahlzeit zu einem kleinen Fest werden. Wenn Sie einen großen Esstisch haben, können Sie ihn als Jahreszeitentisch dekorieren (siehe Seite 110). Gönnen Sie sich und Ihrer Familie diesen Luxus nicht nur, wenn Gäste da sind. Auch Sie selbst sollten sich das wert sein.

Rituale bei Tisch

Ein liebevoll gedeckter Tisch und eine schöne Atmosphäre bewahren manchmal auch vor allzu rohen Tischmanieren – eine Garantie für bessere Tischsitten sind sie aber natürlich nicht! Gutes Benehmen bei Tisch zu lernen ist für Kinder ein langer Prozess. Vieles muss immer wieder neu ausgehandelt werden, und bisweilen fragen sich Eltern, ob sie nicht aufgeben sollen. Auch hier gilt: Je früher Sie anfangen, Tischrituale einzuführen, umso selbstverständlicher gehören sie dazu. Außerdem gibt es ja auch einige Regeln, die Kinder von sich aus wichtig finden: etwa, dass sie auf ihrem angestammten Platz sitzen dürfen oder dass beim Essen eine angenehme und fröhliche Atmosphäre herrscht. Diese können Sie zum Beispiel unterstützen, indem sich alle an den Händen fassen und einen lustigen Tischreim aufsagen – er sollte so einfach sein, dass ihn auch die jüngsten Familienmitglieder bald mitsprechen können.

FÜR MÄUSE UND MENSCHEN
Ein beliebter Tischreim:
Piep, piep, Mäuschen …
Piep, piep, Mäuschen,
bleib in deinem
Häuschen.
Friss mir nicht die
Brotzeit weg,
iss lieber deinen
Mäusespeck.
Piep, piep, piep –
guten Appetit!

Vielleicht wollen Sie auch gemeinsam mit Ihren Kindern Ihre Dankbarkeit und Freude darüber ausdrücken, dass Sie ein leckeres Essen auf dem Tisch stehen haben und alle Familienmitglieder gesund und munter zusammensitzen. Wenn Sie möchten, können Sie die Mahlzeiten dann natürlich auch mit einem kleinen Tischgebet beginnen.

Ein besonderes Essen

TISCHGEBET
»Jedes Tierlein hat sein Essen. Jedes Blümlein trinkt von dir. Hast auch uns nicht vergessen. Lieber Gott, wir danken dir!«

Von Zeit zu Zeit, vielleicht einmal in der Woche, können Sie gemeinsame Mahlzeiten mit Rollenspielen würzen.

> Vielleicht ist Ihr Kind einmal die Bedienung, die den Tisch für alle Gäste deckt und nach dem Essen wieder abräumt. Wenn Sie dann als Gast Platz genommen haben, fragt Ihr Kind nach Ihren Wünschen, empfiehlt vielleicht die Spezialität des Hauses, nimmt Ihre Bestellung auf und serviert schließlich das Essen. Natürlich fragt es nach dem Essen, ob es Ihnen geschmeckt hat, bevor es kassiert und den Tisch abräumt.

> Variieren Sie die Rollen: Beim nächsten Spiel sind Sie die Bedienung, Ihr Kind ist der Gast. Sie befinden sich mal in einem ganz vornehmen Restaurant, mal in einem italienischen oder spanischen Lokal und mal in einem Biergarten. Entsprechend ändert sich auch die Tischdekoration.

> Spielen Sie doch einmal, Sie seien Fremde, die sich im Restaurant erstmals begegnen, sich höflich einander vorstellen und sich angeregt unterhalten. Fragen Sie Ihren Tischnachbarn auch nach seinen Lebens- und Familienverhältnissen. Sie werden interessante Dinge erfahren!

Feine Damen und elegante Herren

Rollenspiele bei Tisch können ebenfalls helfen, Tischmanieren zu erlernen und die Freude daran zu entdecken. Wenn Ihr Kind spielt, es sei in einem feinen Restaurant, wird es sicher auch entsprechend vornehm essen wollen. Schließlich gehört das zum Genuss dazu. Der richtige Gebrauch des Bestecks, Kauen mit geschlossenem Mund, höfliches Sprechen, eine aufrechte Sitzhaltung – all das macht plötzlich richtig Spaß!

TIPP: Wenn Schweine essen

Wenn alles Reden und die schönste Tischdekoration nichts nützen und die Tischsitten Ihrer Kinder immer wieder für Stress am Esstisch sorgen, sollten Sie trotzdem nicht aufgeben. Machen Sie ein Zugeständnis: Einmal in der Woche oder im Monat ist »Schweinetag«. Jeder darf essen, wie er will: mit den Händen oder sogar ohne Hände, schmatzend, grunzend... Jeder muss sich aber seine schlechten Tischsitten für diesen Tag aufsparen. Wahrscheinlich erübrigt sich der »Schweinetag« bald, denn was erlaubt ist und geduldet wird, verliert schnell seinen Reiz. Und vielleicht ist es ja auch für die Kinder bald nicht mehr so schön anzusehen, wenn die anderen essen »wie die Schweine«.

Genießen ohne Machtkämpfe

Auch fürs Essen gilt: Mit täglichen Ritualen fällt es Kindern meist leichter, die von den Eltern aufgestellten sinnvollen Regeln zu akzeptieren – vorausgesetzt, es sind nicht zu viele. Wenige, aber klare Vorgaben kann sich jeder merken, und jeder kann sie einhalten. Überprüfen Sie also auch Ihre Erwartungen, und machen Sie Zugeständnisse: Achten Sie vor allem darauf, dass Sie Ihr Kind beim Essen nicht ständig ermahnen. Sonst wird der Tisch bald zum Kampfplatz, und das Essen schmeckt keinem mehr. Sprechen Sie lieber zu einem anderen Zeitpunkt über unerwünschte Verhaltensweisen beim Essen, das ist meist wirkungsvoller.

Lassen Sie Ihre Kinder den Tisch mit Ihnen zusammen decken und dekorieren. Vielleicht basteln Sie dazu gemeinsam etwas für die Tisch-Dekoration. Ihr Kind möchte dann sicher auch selbst, dass die ruhige, feierliche Atmosphäre gewürdigt wird. So schmeckt das Essen allen noch besser.

Es sollte früh selbstverständlich sein, dass alle mithelfen – beim Zubereiten des Essens, beim Tischdecken und Abräumen sowie beim Abspülen und Tischabwischen. Bei mehreren Kindern können die Zuständigkeiten tage- oder wochenweise wechseln, damit es wirklich gerecht zugeht. Vielleicht mögen Sie einen Familien-Wochenplan basteln oder sich einen fertigen Wochenplan (etwa mit Magnetpins) anschaffen und ihn in der Küche aufhängen.

TIPP
Salat schmeckt Kindern oft besser, wenn Sie statt Essig etwas Zitronensaft nehmen und das Dressing mit süßem Apfelsaft oder Agavendicksaft abrunden. Ein paar geröstete Kerne oder Nüsse obendrauf, und das ungeliebte »Grünzeug« wird plötzlich interessant.

Lecker und gesund

Eltern sind verständlicherweise daran interessiert, dass ihre Kinder gesunde Sachen essen. Deshalb gibt es oft schon früh Konflikte um das Essen. Eltern können schier daran verzweifeln, wenn ihre Kinder so gar nichts Gesundes essen wollen, sondern immer nach den gleichen Nudeln mit Ketchup oder Pommes mit Würstchen verlangen. Salat und Gemüse gehören nur selten zu den Leibspeisen der Kleinen. Und die Eltern versuchen meist vergeblich, ihren Kindern diese schmackhaft zu machen …

Gemüse macht Spaß!

Schon ganz einfache Tricks helfen oft, damit Kinder auch Gemüse und Co. unwiderstehlich finden:

> - Beziehen Sie Ihre Kinder möglichst früh beim Kochen und dem Vorbereiten des Essens ein. Machen Sie mit ihnen den Geruchs- und Geschmackstest (siehe Seite 30).
> - Lassen Sie Ihre Kinder mitentscheiden, was sie essen. Sie fühlen sich ernst genommen und groß, wenn sie in der Früh gefragt werden: »Heute Mittag gibt es Karotten – hast du einen Vorschlag, wie ich sie zubereiten soll?« Das Kind darf dann eine Entscheidung fällen, und die Mutter hält sich daran. Wenn es zeitlich möglich ist, etwa am Samstag, können Sie ja auch mal gemeinsam über den Gemüsemarkt schlendern und aussuchen, was Sie später kochen wollen.
> - Viele Lieblingsspeisen lassen sich auch mit unterschiedlichem Gemüse abwandeln: Zum Beispiel knusprig gebratene »Hamburger« aus geraspelten Karotten, Esskastanienmehl (Reformhaus), Zwiebeln, Quark und frischen Kräutern.
> - Kinder essen in der Regel sehr gern Rohkost – wenn das Gemüse in mundgerechte Stücke geschnitten und mit leckeren Dips angerichtet wird. Bei diesem knackigen Genuss bekommt Ihr Kind auch mehr Vitamine ab, als wenn es immer nur gekochtes Gemüse gibt. Wenn Sie dann auch noch etwas fürs Auge tun, beispielsweise ein lustiges Gesicht aus Gemüse auf dem Teller arrangieren, können sicher auch kleine Gemüse-Muffel der Versuchung nicht mehr widerstehen.

Süßes nach Maß

Süßigkeiten sind immer ein heikles Thema zwischen Eltern und Kindern. Ein generelles Verbot lässt sich kaum durchhalten – spätestens wenn Ihr Kind in den Kindergarten oder in die Schule kommt, verlangt es danach. Süßigkeiten schlichtweg zu verbieten ist auch nicht ratsam. Helfen Sie Ihrem Kind besser, den sinnvollen Umgang mit Süßem zu lernen. Das ist gar nicht so schwer, wenn Sie die folgenden Punkte beachten:

› Süßigkeiten sollten nicht als Trost und auch nicht als Belohnung gegeben werden.
› Auch Frustrationen und Langeweile sollen nicht mit Süßem weggegessen werden. Ebenso wenig fehlende Zuwendung und Aufmerksamkeit. Sonst werden Süßigkeiten zum Liebesersatz!
› Außerdem gilt: Je später Sie Ihr Kind auf den Geschmack bringen, umso besser. Denn was man nicht kennt, danach spürt man auch kein Verlangen.
› Häufig lässt sich der Hunger auf Süßes auch durch frisches Obst stillen, das viel natürlichen Fruchtzucker enthält und deshalb bei Kindern sehr beliebt ist – und bei Eltern, vor allem wegen der vielen Vitamine. Finden Sie heraus, welche Obstsorten Ihr Kind besonders mag.

GU-ERFOLGSTIPP

Wenn Sie Ihrem Kind jeden Tag eine kleine Süßigkeit geben, kann es seine Neugier und eventuell sein Verlangen nach Süßem befriedigen. Basteln Sie doch gemeinsam eine Süßigkeiten-Kommode! Sie brauchen dafür sieben Streichholzschachteln, Klebstoff und Buntpapier. Kleben Sie die Streichholzschachteln aufeinander, verzieren Sie sie mit Buntpapier, und schreiben Sie vorn auf jede Schublade einen Tag der Woche. Legen Sie in jedes Fach eine süße Kleinigkeit. Jeden Tag darf Ihr Kind ein Fach öffnen – und die Überraschung genießen. Oder Sie machen es wie die Eltern in Finnland: Dort bekommt jedes Kind am Freitag eine kleine Tüte voller Süßigkeiten – die muss es sich dann aber für die ganze Woche einteilen.

Rituale in der Freizeit

Rituale sorgen dafür, dass der Tag nicht im Chaos versinkt. Lieb gewordene feste Gewohnheiten heben durch ihre besondere Form zugleich Ereignisse aus dem Alltag heraus. Außerdem schaffen Rituale wertvolle Ruheinseln in einem vollen Terminkalender – und den kennen heute oft schon kleine Kinder: Um musikalisches Talent, sportliche Begabung und anderes zu fördern, kutschieren Mütter sie oft von Termin zu Termin. Vor lauter Aktivitäten erleben die Kinder dann kaum noch echte Freizeit und Ruhephasen.

Ruheinseln und Spielzeiten

Kinder brauchen Zeiten, in denen Entspannung aufkommen kann – und sogar Langeweile. Sie ist die eigentliche Quelle für neue Ideen und Kreativität, also eine wichtige Voraussetzung für die innere Entwicklung Ihres Kindes. Nur in einer »langen Weile« kann es spüren, was es eigentlich (tun) will – aus seinem tiefsten Inneren heraus. Es kann sich seinen Gefühlen und Gedanken hingeben, sich mit sich selbst beschäftigen. Mithilfe kleiner Rituale können Sie die Alltagshektik ausbremsen und Ruheinseln schaffen. Rituale sollen dabei vor allem einen zeitlichen und inhaltlichen Rahmen vorgeben, eine Struktur, und nicht den ohnehin bestehenden Terminen eine Vielzahl neuer hinzufügen. Also: nicht zu viele Freizeitrituale, sonst kommt Freizeitstress auf!

Verzichten Sie bewusst darauf, die ganze freie Zeit zu verplanen. Und sorgen Sie für regelmäßige Spiel- und Gesprächszeiten. So bekommt der Tag einen Rhythmus und die richtige Mischung aus Bewegung, Spiel, Entspannung, Essen und Gesprächen.

Freie Zeiten

Wenn Sie feste Zeiten in den Tagesablauf einbauen, in denen Sie gemeinsam mit Ihrem Kind spielen, wird es auch leichter akzeptieren, wenn keine Spielzeit ist – weil Sie Zeit für sich brauchen oder für eine andere Tätigkeit. Je früher Sie damit anfangen, umso selbstverständlicher wird Ihr Kind das akzeptieren. Allerdings nur, wenn es sich auch wirklich darauf verlassen kann.

Sie können den Küchenwecker stellen und Ihrem Kind sagen, dass Sie mit ihm spielen, sobald der Wecker klingelt. Oder Sie legen für Ihr Kind in seinem Zimmer eine Kassette mit Märchen, Liedern, Geschichten … ein. Wenn diese zu Ende ist, beginnt die gemeinsame Spielzeit. Je kleiner Ihr Kind ist, desto kürzer sollte die Wartezeit sein: für ein zweijähriges Kind wenige Minuten, ein Sechsjähriger kann schon über eine halbe Stunde warten.

FREIRÄUME FÜR ALLE

Auch Eltern haben das Recht auf ihren eigenen Freiraum. Sie müssen sich nicht ununterbrochen um Ihre Kinder kümmern. Es gibt keinen Grund, ein schlechtes Gewissen zu haben, wenn Sie sich auch mal eine Auszeit nehmen – schon gar nicht, wenn Sie durch bewusst gesetzte Pausen und gemeinsame Spielzeiten für eine regelmäßige und zuverlässige Abwechslung im Tagesablauf sorgen!

TIPP: Die kleine Turnstunde

Mit einer Turnstunde – vielleicht mehrmals pro Woche immer zur gleichen Zeit, oder als Übergang vom Spielen zum Aufräumen – schenken Sie Ihrem Kind eine Portion Aufmerksamkeit, und die Bewegung tut Ihnen beiden gut.

- Purzelbaum vorwärts und rückwärts (ab 2 Jahren)
- Seilhüpfen
- In der Hocke »watscheln«
- Auf dem Boden hin und her rollen (Arme am Körper oder über den Kopf gestreckt)
- Hüpfen wie ein Hampelmann
- Auf einem Bein hüpfen
- Kerze (Rückenlage, Beine und Po gerade nach oben)
- Auf Zehenspitzen laufen
- Auf den Fersen laufen

Aufräumen leicht gemacht

Nach dem Spielen wird aufgeräumt. Das stößt nicht immer auf Begeisterung. Auch hier helfen kleine Rituale, lästige Pflichten zu versüßen. Kinder haben meist ihre persönliche Ordnung: Was auf uns chaotisch wirkt, kann durchaus System haben. Im Kinderzimmer sollten Sie dies möglichst respektieren. Wenn aber alle Spielsachen über den Boden verstreut liegen versuchen Sie Ihr Kind auf spielerische Weise zum Aufräumen zu motivieren.

- Aufräum-Wettspiel: Gibt es heute einen neuen Rekord? Die Stoppuhr wird's zeigen. Oder ist das Zimmer aufgeräumt, bevor das Lied aus der Spieluhr oder von der CD zu Ende ist?
- Zählspiele: Wie viele Autos kommen ins Regal, wie viele Stofftiere und Puppen? Kleineren Kindern können Sie vorzählen – sie werden dann bald versuchen mitzuzählen.
- Ein neues Ordnungssystem: Von Zeit zu Zeit räumen Sie gemeinsam alles, mit dem Ihr Kind gerade oft spielt, in die unteren Regalbretter. Oder Sie sortieren nach Material: Holzteile in ein Regal, Plastikteile in ein anderes, Stoffteile ins nächste. Sie können Autos, Stofftiere, Bücher ... auch nach Größe sortieren.
- Schneiden Sie zusammen aus einem Spielzeugkatalog Abbildungen aus – oder Ihr Kind malt selbst –, und kleben Sie die Motive auf die Kisten mit den entsprechenden Spielsachen.

Damit der Fernseher aus bleibt

Zum Fernsehen gibt es eine Menge Alternativen! Das heißt nicht, dass Ihr Kind nicht fernsehen will. Auch wir Erwachsenen ziehen den passiven Fernsehkonsum allzu oft anderen Aktivitäten vor – warum sollten das unsere Kinder nicht auch wollen?

Die Bundeszentrale für gesundheitliche Aufklärung empfiehlt, Vier- bis Siebenjährige nicht mehr als eine halbe Stunde täglich fernsehen zu lassen, bei zwei fernsehfreien Tagen pro Woche. Sieben- bis Elfjährige sollten höchstens eine Stunde täglich und Kinder ab elf Jahren maximal zwei Stunden am Tag fernsehen – natürlich nur altersgerechte Sendungen.

Wie aber kann der Nachwuchs einen maßvollen und vernünftigen Umgang mit dem Fernseher lernen? Dazu können Sie beitragen, indem Sie Ihr Kind möglichst spät mit dem Fernseher vertraut machen und dabei auch selbst Vorbild sind! Denn nur wenn der Fernseher nicht im Hintergrund läuft und Sie nur wirklich gezielt Sendungen ansehen, können Sie erwarten, dass sich auch Ihr Kind entsprechend verhält. Es ist ähnlich wie mit den Süßigkeiten: Verbieten macht keinen Sinn, zu viel ist ungesund, das richtige Maß dagegen kann sinnvoll und schön sein. Machen Sie auch das Fernsehen zu einem Ritual, das festen Grundregeln folgt.

WICHTIGE FERNSEH-REGELN

> Setzen Sie den Fernseher nicht als »Babysitter« ein, um Ihre Ruhe zu haben.

> Machen Sie deutlich, dass Fernsehen etwas Besonderes ist, indem Sie das Gerät nur für die ausgewählten Sendungen einschalten und sofort danach wieder ausstellen.

> Beschränken Sie sich auf feste Sendungen wie das tägliche »Sandmännchen« (5 Minuten) oder die sonntägliche »Sendung mit der Maus« (30 Minuten).

> Wählen Sie nur gute und altersgerechte Sendungen. Viele Programmzeitschriften geben entsprechende Hinweise.

> Nachrichten sind keinesfalls kindgeeignet! Sie haben für Kinder keinen informativen, sondern nur einen bedrohlichen Effekt.

> Sehen Sie Kindersendungen immer gemeinsam an, damit Sie Fragen beantworten und das Gesehene nachbesprechen können.

Entspannungsinseln für Kinder

LANGE WEILE MACHT KLUG
Schon die Philosophen der Antike rühmten die schöpferische Muße: Nur wer sich den täglichen Aufgaben auch mal entzieht, hat Raum für neue Erkenntnisse und Kreativität.

In unserer Gesellschaft werden oft schon die Kleinsten mit Eindrücken überschüttet, die nur schwer zu verarbeiten sind und ein Kind kaum noch zur Ruhe kommen lassen. Es fällt deshalb nicht nur Erwachsenen, sondern auch vielen Kindern schwer, zur Ruhe zu kommen und zu entspannen. Neben Zeiten des Alleinseins können Sie auch Entspannungsrituale einführen, die Ihrem Kind dabei helfen, loszulassen und abzuschalten von der äußeren, lauten und bunten Welt.

Mit sich allein sein

Mit festen Spiel- und seltenen Fernsehzeiten lernt Ihr Kind leichter, allein zu spielen und überhaupt mit sich allein zu sein. Das ist eine wichtige Lernaufgabe. Bei größeren Kindern sollten Sie dafür sogar eine feste Zeit einplanen. Gut eignet sich die Zeit nach dem Mittagessen oder vor dem Abendessen.

Wichtig ist vor allem, dass Sie diese Zeiten einhalten und ein tägliches Ritual daraus werden lassen – damit die so wichtige Langeweile (siehe Seite 37) auch wirklich entstehen kann.

Wenn Sie ein solches Ritual neu einführen, ist es sehr wahrscheinlich, dass Ihr Kind sich einige Zeit heftig beschweren wird, sobald die Zeit des Alleinseins gekommen ist. Lassen Sie sich davon nicht irritieren, und bleiben Sie konsequent! Denken Sie daran, dass Sie damit Ihrem Kind etwas Unschätzbares mitgeben. Viele Erwachsene können nicht allein sein und leiden darunter. Ihr Kind wird es bald gelernt haben!

TIPP: Kurse zur Entspannung

Wenn Sie Ihrem Kind – oder auch sich selbst – etwas Gutes tun wollen, informieren Sie sich doch mal bei Ihrer Volkshochschule oder Krankenkasse, welche gängigen Entspannungs- oder Meditationstechniken dort angeboten werden. Sehr empfehlenswert und auch für Kinder einfach zu erlernen sind etwa die Progressive Muskelentspannung oder das autogene Training. Auf Seite 124 finden Sie außerdem einige Buchtipps zum Thema.

Abschalten lernen

> Ruhige Musik, der man am besten im Liegen oder im bequemen Sessel lauscht, verhilft auch Kindern meist schnell zu innerer Ruhe. Dazu eignen sich klassische Orchestermusik oder Kammermusik, Kinderopern und spezielle Entspannungsmusik.
> Sanftes Schaukeln in einer Hängematte übt auf Kinder – und Erwachsene – eine sehr beruhigende Wirkung aus.
> Ähnlich wirken Vollbäder, vielleicht mit einem beruhigenden Zusatz, zum Beispiel zwei bis drei Tropfen Rosenholzöl.
> Viele Kinder können besonders gut abschalten, wenn sie in eine brennende Kerze schauen und dabei ganz ruhig sind. Am besten setzen Sie sich gemeinsam an einen Tisch, auf dem die Kerze steht, und dunkeln den Raum leicht ab. Das steigert die Konzentrationsfähigkeit und schafft Geborgenheit. – Bitte lassen Sie Ihr Kind aber nie mit offenem Feuer allein!
> Viele Kinder kommen zur Ruhe, wenn sie ein Mandala ausmalen. Vorlagen dazu finden Sie in vielen Büchern, oder Sie stellen sie mit Zirkel und Lineal selbst her.
> Sie können sich auch gemeinsam auf den Boden oder ein großes Sofa oder Bett legen und Bildbände wie Reisebücher und Kunstbücher ansehen. Darin finden sich große Abbildungen, auf denen es viel zu sehen und über die es viel zu erzählen gibt. Übrigens haben kleine Kinder einen oft erstaunlichen Zugang zu abstrakten Kunstwerken – probieren Sie es aus!

Rituale, die Ruhe bringen

> Zu den angenehmsten Entspannungsritualen gehört eine sanfte Massage oder zartes, großflächiges Ausstreichen des Körpers.
> Ihrem Kind wird es auch gefallen, wenn es auf dem Bauch liegt und Sie auf seinen Rücken Motive malen, die es erraten muss: ein Haus, ein Baum, die Sonne, geometrische Figuren…
> Wenn Ihr Kind schwer zur Ruhe kommt, können Sie es auch mit vereinten Kräften versuchen: Ihr Kind legt sich auf eine Decke, jedes Elternteil fasst zwei Zipfel. Heben Sie Ihr Kind hoch und wiegen Sie es sanft hin und her. Das eignet sich natürlich auch zu einer wilden Bewegungs- und Gleichgewichtsübung.

TIPP
Besonders entspannend und schon für Kinder faszinierend sind Johann Sebastian Bachs Brandenburgisches Konzert Nr. 6 mit seinem dunklen Klang oder die Musik des Barockkomponisten Jean-Baptiste Lully.

Stille-Übung
> Legen Sie sich gemeinsam auf einen Teppich, Arme und Beine sind leicht vom Körper abgespreizt. Alles um Sie herum sollte ruhig sein. Ihr Kind soll nun versuchen, sich nicht zu bewegen und ganz still zu sein.
> Meist hilft es, wenn Sie Ihr Kind auf seinen Atem aufmerksam machen: Es soll ruhig atmen und das Ein- und Ausatmen genau beobachten. Machen Sie es ihm vor, so dass es Ihren Atemrhythmus hören kann. Denken Sie dabei daran, dass Kinder schneller atmen als Erwachsene. Wenn es die Hände auf seinen Bauch legt, spürt es, wie sein Atem dort hinunterwandert.
> Fällt Ihrem Kind die Konzentration auf den Atem schwer, versuchen Sie es mit einer kleinen Visualisierung: »Mach die Augen zu und versuche dir vorzustellen, wie oben am Himmel die Wolken langsam vorbeiziehen. Alles ist ganz still, auch wir.«

Willkommen auf der Insel der Ruhe!

Schaffen Sie eine Ruhe-Insel: Wenn Sie diese regelmäßig mit Ihrem Kind besuchen, wird es sich sicher schon bald auf die wunderschönen Entspannungsreisen freuen!

> Breiten Sie dazu ein Laken auf dem Teppich aus – Ihre gemeinsame Insel. Dunkeln Sie das Zimmer leicht ab. Legen Sie sich Kopf an Kopf oder nebeneinander auf die Unterlage, und schließen Sie die Augen.
> Stellen Sie sich den Himmel oder eine ruhige Landschaft vor. Erzählen Sie sich gegenseitig, was Sie sehen: wie Wolken langsam vorüberziehen oder sich malerische Hügel aneinanderreihen.
> Vielleicht gibt es ja auch etwas zu hören: das leise Rascheln der Gräser im Wind, entfernte Vogelstimmen …
> Kommen Sie gemeinsam wieder in den Alltag zurück: Verabschieden Sie sich von Ihrer Ruheinsel, versprechen Sie sich, bald wiederzukommen, und öffnen Sie langsam die Augen.

TIPP: Füßchen-Massage
Auch Mama und Papa brauchen Entspannungsinseln! Wenn Sie selbst verspannt oder erschöpft sind und relaxen möchten, probieren Sie es doch einmal mit einer besonderen Rückenmassage: Legen Sie sich flach auf den Bauch. Ihr kleines Kind darf ganz vorsichtig, barfuß oder in Strümpfen, auf Ihrem Rücken laufen (nur die Wirbelsäule sollte es auslassen). Keine Angst, das tut gut, nicht weh!

Ich bau mir eine Höhle
Ein wunderbarer Rückzugsraum zum Abschalten und Zur-Ruhe-Kommen ist eine eigene kleine Höhle. Dafür eignet sich zum Beispiel der Raum unter einem Hochbett, der zu allen Seiten hin mit Tüchern zugehängt werden kann. Auch ein Spielzelt, das auf den Boden gestellt werden kann, ist prima, ebenso aber jede improvisierte Konstruktion aus Kartons, Tischen, Stuhllehnen, Sofaelementen, Decken und Tüchern.
> In der Höhle kann gemütlich dämmriges Licht, etwa durch eine Salzlampe oder eine Taschenlampe, für die angemessene Beleuchtung sorgen.
> Mehrere Körbe mit allerlei Materialien wie Steinen, Perlen, Muscheln, persönlichen Fundstücken, Kreiseln, Schüttelkugeln, Klangkugeln und Ähnlichem bieten in der ruhigen, meditativen Höhlen-Zeit Anregung für die Sinne.
> In der Dunkelheit der Höhle sitzend, kann man lauschen, was »draußen« so alles vor sich geht: Bellt da ein Hund? Schleudert die Waschmaschine? Kommt Papa nach Hause?

Guten Abend, gute Nacht

Kennen Sie das? Eben noch war Ihr Kind hundemüde, aber jetzt, wo es ans Schlafen geht, lebt es plötzlich merkbar auf. Es widersetzt sich standhaft jedem Schritt Richtung Bett, will sich nicht die Zähne putzen, sich nicht waschen und vor allem nicht allein in seinem Zimmer sein. Oder Ihr Kind kommt jeden Abend mehrmals aus seiner Schlafstatt, mit immer neuen Wünschen, die unbedingt erfüllt werden müssen. Allabendlich führen viele Eltern einen Kampf, der an den Nerven zerrt – und oft überflüssig ist.

In der Tat gibt es schon unter den Kleinsten ein verschieden großes Schlafbedürfnis. Ob Ihr Kind also viel oder wenig schläft, können Sie fast nicht beeinflussen. Dagegen kann das Ein- und Durchschlafen gelernt werden – ja, es muss sogar gelernt werden. Verschiedene Untersuchungen zeigen, dass die Eltern einen großen Einfluss auf das (Ein-)Schlafverhalten ihrer Kinder haben. Auch hier sind Rituale eine große Hilfe: beim Vorbereiten, beim Einschlafen und beim Durchschlafen. So schlafen schon Babys besser, wenn ihr Abend regelmäßig und nach einem vertrauten Schema abläuft. Allerdings dürfen abendliche Rituale nicht dazu führen, dass die Zeremonie immer länger ausgedehnt wird, sonst verfehlen sie ihre Wirkung.

Schöne Abendrituale

Die beste Vorbereitung auf eine ruhige und lange Nacht ist ein abwechslungsreich verlaufender Tag mit verlässlichen, schönen Ritualen. Viel Bewegung an der frischen Luft, eine konfliktarme Atmosphäre, ein nicht zu spätes Abendessen und ein ruhiger Abend tun ihr Übriges. Ein gemütlicher Abend bedeutet auch: Kuscheln, auf den Schoß nehmen, sich vielleicht noch etwas unterhalten. So kann Ihr Kind Geborgenheit tanken – ein wichtiges Ritual, um sich auf die Nacht vorzubereiten.

Bei vielen Kindern kommen gerade am Abend, wenn alles ruhiger wird, Alltagssorgen und Ängste wieder hoch, die sie über den Aktivitäten des Tages ganz vergessen hatten. Vertraute Abendrituale helfen Ihrem Kind dabei, bedrückende Gedanken loszulassen und beruhigt einzuschlafen.

Vermeiden Sie dagegen Drohungen wie »Du gehst jetzt sofort ins Bett!«. Denn das Zubettgehen soll ja nicht als Strafe, sondern als etwas Schönes, Erholsames und Vertrautes erlebt werden.

Auch das Weglassen des Abendrituals als Strafe ist denkbar ungeeignet, denn gerade nach einem aufregenden oder konfliktreichen Tag ist ein harmonischer Tagesabschluss besonders wichtig. Dazu gehört auch, dass der Abend rechtzeitig beginnt. Schaffen Sie einen allmählichen, beruhigenden Übergang vom Tag zur Nacht, ganz ohne Stress und Hektik.

TIPP

Auch beim Schlafengehen darf es ab und zu Ausnahmen geben: etwa an Silvester oder wenn in der Schule, im Kindergarten oder auch im Radio eine Hörnacht veranstaltet wird, bei der bis spät in den Abend hinein aus Kinderbüchern vorgelesen wird. Keine Sorge, Ihr Kind wird dadurch nicht gleich zur Nachteule!

Klassiker vorm Zubettgehen

Abends ist Zeit, um zur Ruhe zu kommen. Bitte nicht mehr toben, denn das führt meist dazu, dass die Kinder völlig überdrehen – am besten sollten sie sich tagsüber richtig auspowern.

Für einen gemütlichen, ruhigen Abend gibt es in fast jeder Familie schöne Rituale. Häufig unterscheiden sie sich nur in Details, denn die wahren Klassiker haben sich bestens bewährt.

- Ein schöner Einstieg in den Abend ist ein gemeinsames Brettspiel, bei kleinen Kindern eventuell ein Puzzle.
- Vielleicht malt Ihr Kind auch zum Abschluss des Tages ein Bild. Das beruhigt und hilft Erlebnisse zu verarbeiten.
- Auch das Schreiben in ein Tagebuch, das die Eltern – und später das Kind selbst – führen, eignet sich für den Tagesabschluss. Ihr Kind kann auch ein kleines »Tagesbild« hineinmalen.
- Nach dem gemeinsamen Spiel richten Sie zusammen das Abendessen her und genießen es in aller Ruhe (siehe ab Seite 26). Das ist auch eine gute Gelegenheit, den vergangenen Tag Revue passieren zu lassen: Schönes und Aufregendes, aber auch ungelöste Konflikte können dabei besprochen werden.
- Nach dem Essen darf Ihr Kind das Buch für die Gutenachtgeschichte aussuchen, bevor es ins Bad geht. Wenn Ihr Kind beim Waschen gern trödelt: Der Küchenwecker klingelt nach einer angemessenen Zeit und ruft zum Beginn der Gutenachtgeschichte. Ihr Kind passt bestimmt gut auf, dass es den Anfang nicht verpasst oder die Geschichte nicht zu kurz ausfällt!

TIPP: Zwei besonders schöne Abendlieder-CDs

- »Der Mond ist aufgegangen – Musik für junge Träumer« (Edition Chrismon). Die CD enthält das berühmte Lied von Matthias Claudius und weitere Schätze der Gutenachtmusik, mit einem von der Künstlerin Jacky Gleich liebevoll illustrierten Booklet.

- »Schlaflieder Lullabys« (Label: D-Phunk). Deutsche und ein paar fremdsprachige Kinderlieder, die musikalisch hochwertig und ohne Firlefanz arrangiert sind und auch Erwachsenen gefallen. Erhältlich auch im Internet unter: www.d-phunk.de

Das Baderitual: mehr als nur Sauberkeit

Da Baden entspannt und müde macht, sollte man es am besten abends tun. Ein ausgiebiges Familienbad eignet sich zum Beispiel gut als Abschluss des Familienwochenendes am Sonntagabend. Waschen, Saubermachen und Pflegen kann für Ihr Kind ein sinnliches Erlebnis sein, bei dem es viel Nähe erfährt und die Zärtlichkeit der Eltern spürt. Säuglinge haben ein starkes Bedürfnis nach Berührung und Körperkontakt, das zum Teil beim Wickeln und Baden gestillt wird. Auch für größere Kinder ist Baden oft noch ein Hochgenuss – und für die Eltern ebenfalls! Vielleicht gönnen Sie sich regelmäßig ein richtiges Badefest. Wichtig ist dabei vor allem, dass Sie Zeit und Ruhe haben. Gehen Sie vielleicht gemeinsam mit Ihrem Kind in die Wanne. Nehmen Sie sich Zeit und genießen Sie die Entspannung und den Körperkontakt. So vermitteln Sie Ihrem Kind, dass Sie seinen Körper schön finden und es so annehmen, wie es ist. Ein Schwamm zum gegenseitigen Abseifen, Gummitiere und eine Menge Schaum gehören außerdem dazu.

Lustige Waschspiele

So wird das gemeinsame Baden zum echten Vergnügen:
- Schneiden Sie aus dünnen Schwämmen Figuren aus, etwa einen Elefanten, einen Fisch, ein Mädchen, eine Blume, ein Schiff. Diese Schwämme eignen sich toll zum Spielen im Wasser – und man kann sich anschließend damit einseifen.
- Machen Sie mit Strohhalmen Blubberblasen.
- Auch ein Schneebesen, mit dem sich der Badeschaum ordentlich aufschlagen lässt, ist ein wunderbares Badespielzeug.
- Badekugeln (für Kinder), die sich im Wasser langsam auflösen, sind eine spannende Sache. Ebenso ein (mit Badeschaum gefärbter) Eiswürfel, mit dem sich Ihr Kind einreiben kann und der dann langsam schmilzt.
- Benennen Sie nach und nach weit auseinander liegende Körperteile, die Ihr Kind waschen soll: Nase, Knie, Ohren, Achseln... Oder es kann die einzelnen Körperteile aus dem Wasser auftauchen lassen.

WASSERWELTEN

Was wohnt in Ihrer Unterwasserwelt? Fische? Ein Seestern oder eine Muschel? Frösche und Seerosen? Sicher fällt Ihnen und Ihrem Kind noch mehr ein. Denken Sie sich dazu passende Handbewegungen und geheimnisvolle Geräusche aus.

Tränenlos Haare waschen

Sogar das meist unbeliebte Haarewaschen verliert schnell seine Schrecken, wenn es in ein kleines Ritual eingebunden wird.

> Ihr Kind darf den Shampoo-Schaum aus dem Haar nehmen und lustige Schaumbilder damit auf die Kacheln malen oder Haarskulpturen aus eingeschäumten Haaren kreieren und sich im Spiegel begutachten.

Massage, die Spaß macht

Nach dem Baden werden alle kräftig abgerubbelt und eingecremt. Sie können Ihr Kind auch noch sanft mit einem Babyöl massieren. So bekommt es eine Extra-Portion Aufmerksamkeit und liebevolle Berührungen. Massieren Sie sanft und ruhig, wenn Ihr Kind zur Ruhe kommen soll oder bald schlafen geht. Wenn Sie eine Weile vor dem Schlafengehen baden, können Sie auch ein Massagespiel machen, bei dem der Körper richtig durchgeknetet wird (natürlich nicht zu fest!).

> Die Pizza-Massage: Backen Sie auf dem Rücken Ihres Kindes eine Pizza. Walken Sie den Teig ordentlich durch, rollen Sie ihn aus und belegen Sie ihn mit allerlei Zutaten, bevor er in den Backofen geschoben wird.

> Streuselkuchen backen: Rühren Sie auf dem Rücken Ihres Kindes einen Teig an. Streichen Sie ihn glatt und zupfen Sie zum Schluss noch kleine Streusel zum Belegen aus dem »Teig«.

> Wettermacher: Ihr Kind spürt auf seinem Rücken jeden Wetterwechsel. Mal scheint die Sonne, und es wird ganz warm (reiben), dann prasselt der Regen auf seinen Rücken, später klopft der Hagel darauf. Ein Gewitter zieht auf, und ein Sturm fegt darüber (schnell streichen). Diese Massage können Sie auch gut mit Musik unterstützen, zum Beispiel mit der »Alpensymphonie« von Richard Strauß.

WICHTIG

Zärtlichkeit, Schmusen, intensiver Körperkontakt – das alles ist lebenswichtig für Babys und Kinder. Auch Sie als Eltern spüren das Bedürfnis, Ihr Kind zu halten, ihm Liebe, Wärme und Geborgenheit zu geben. Wichtig ist aber immer, dass Sie versuchen, die Bedürfnisse Ihres Kindes zu erkennen und darauf einzugehen – und nicht Ihre eigenen in den Vordergrund stellen. Die Initiative zu intensivem Körperkontakt sollte immer vom Kind ausgehen! Es soll wissen: »Nur ich bestimme über meinen Körper!«

Gute Nacht und schlaf gut!

Am schönsten ist es für Kinder, wenn sie von den Eltern zu Bett gebracht werden (natürlich nur, solange die Kinder das selbst möchten). Denn es ist ein großer Unterschied für ein Kind, ob es ins Bett begleitet wird oder ob es sich verabschieden und allein schlafen gehen muss.

Natürlich darf Ihr Kind dann noch in Ruhe seinen Schlafplatz vorbereiten: Jedes Kuscheltier kommt auf seinen angestammten Platz, das Kissen ebenfalls. Das ist sehr wichtig, denn das Nest mit sämtlichen Bettgefährten gibt einem Kind viel Geborgenheit und die nötige Sicherheit für eine lange Nacht. Schön ist auch ein Betthimmel aus einem großen Tuch, das Sie am Kopfende des Gitterbettes an einem Drahtgestell befestigen. Einen solchen Himmel können Sie fertig kaufen oder sich mit etwas handwerklichem Geschick selbst eine – natürlich kindersichere – Konstruktion herstellen. Später können Sie bei einem größeren Bett den »Himmel« durch ein Moskitonetz ersetzen. In so einer Schlafhöhle fühlt sich Ihr Kind besonders geborgen.

Vorlesen am Abend

Nach wie vor ist die Gutenachtgeschichte für die meisten Kinder ein Muss. Auch der Vorleser kommt dabei nach einem langen Tag zur Ruhe! Kaum vorstellbar, dass sie jemals aus der Mode kommt! Am eindrucksvollsten ist es für Kinder, wenn sie frei erzählt wird – falls Ihnen das liegt.

Auch Schulkinder, die schon lesen können, bekommen abends noch gern etwas vorgelesen, denn dabei erhalten sie auch die volle Zuwendung von Mama oder Papa. Außerdem lernen sie auf diese Weise, aufmerksam zuzuhören.

Die Gutenachtgeschichte sollte auf keinen Fall zu spannend oder zu aufregend sein, und sie sollte immer ein gutes Ende nehmen. Viele Märchen sind übrigens als Abendgeschichte nicht geeignet, da sie eine starke Bildersprache haben und in ihnen oft von Handlungen, Personen und Orten erzählt wird, die auf Kinder einen sehr starken Eindruck machen. Ein paar Tipps für empfehlenswerte Vorlesebücher finden Sie auf Seite 124.

BITTE NOCH EINMAL!
Vielleicht möchte Ihr Kind tagelang dieselbe Geschichte wieder und wieder hören? Das finden Erwachsene zwar langweilig, Kinder jedoch nicht! Ihr kleiner Zuhörer wird genau aufpassen und Sie sofort berichtigen, wenn Sie auch nur ein einziges Wort verändern.

TIPP: Einschlafgedicht

Himpelchen und Pimpelchen stiegen
auf einen Berg.
Himpelchen war ein Wichtelmann
und Pimpelchen war ein Zwerg.
Sie blieben lange dort oben sitzen
und wackelten mit ihren Zipfelmützen.
Doch nach fünfundsiebzig Wochen
sind sie in den Berg gekrochen.
Dort schlafen sie in großer Ruh.
Sei mal still und hör gut zu:
Chrr, chrr, chrr ...

Gutenachtgeschichte mal ganz anders

> Lassen Sie Ihr Kind eine Geschichte erzählen, oder spinnen Sie im Wechsel mit ihm die Geschichte weiter. Suchen Sie beispielsweise aus den Bettgefährten Ihres Kindes ein Kuscheltier aus, um das sich die Abendgeschichte dreht.

> Kinder lieben es auch, Geschichten über sich selbst zu hören, über ihre Baby- oder Kleinkindzeit. Auch Erzählungen über die Kindheit der Eltern interessieren sie sehr. Solche Familienerinnerungen können ein geliebtes Abendritual werden.

> Später mag Ihr Kind vielleicht auch gern selbst noch im Bett lesen. Darf es das Licht allein löschen, ist es schon richtig groß!

> Kleine Geschichten-Spiele im Dunkeln: Fragen Sie zum Beispiel, was der vergangene Tag für ein Tier gewesen wäre – eine Schnecke, weil alles so langsam ging, oder ein Affe, weil er hektisch und chaotisch war? Dabei kann Ihr Kind noch einmal über den Tag nachdenken. Und in der Bildersprache fällt zurückhaltenden Kindern das Erzählen oft viel leichter.

> Teilen Sie Ihrem Kind mit, was Sie heute fühlten, als Sie gestritten haben, oder wie Sie sich gefreut haben, weil Ihr Kind Ihnen so viel geholfen hat. Ihr Kind lernt so, über Gefühle zu reden.

Musik zum Einschlafen

Auch ein Gutenachtlied ist ein schöner Tagesabschluss und wiegt Ihr Kind sanft in den Schlaf.

› Am beruhigendsten wirkt die vertraute Stimme von Mama oder Papa. Die alten Schlaflieder basieren auf harmonischen Tonfolgen, die eine entspannende Wirkung haben. Deshalb können sie sogar schreiende Babys beruhigen, wenn sie mit gedämpfter, gleichmäßiger Stimme gesungen werden.
› Wenn Ihr Kind eine (nicht zu laute!) Spieluhr in greifbarer Nähe seines Betts hat, lernt es sicher bald, sich auch mal selbst mit vertrauter Musik zu beruhigen.
› Kindern, die nur schwer zur Ruhe kommen, hilft auch Meditationsmusik. Sie lenkt ab, beruhigt und verlangsamt den Herzschlag. Als regelmäßige Einschlafhilfe sollte sie allerdings nur bei Einschlafstörungen dienen.

Besser nicht: aufwendige Einschlafhilfen

Führen Sie bestimmte Einschlafhilfen und -rituale möglichst gar nicht erst ein. Dazu gehört etwa, dass sich Mama oder Papa stets zum Einschlafen dazulegen oder dass das Kind zum Einschlafen noch ein Fläschchen bekommt. Dann wird es bald darauf bestehen, immer mit demselben Elternteil einzuschlafen, oder es wird sich weigern, ohne seine Nuckelflasche ein Auge zuzumachen.

Es ist sehr schwierig, Kindern vertraute Rituale abzugewöhnen. Das erfordert von den Eltern viel Geduld und Konsequenz, denn die Kinder sehen später meist nicht ein, warum sie sich von einer lieb gewordenen Gewohnheit wieder verabschieden sollen.

Sollten solche anstrengenden Rituale bei Ihnen bereits Einzug gehalten haben, helfen zum Umgewöhnen nur neue Rituale und viel Geduld. Ist Ihr Kind etwa an die Brust, das Fläschchen oder den Elternarm als Einschlafhilfe gewöhnt, legen Sie es am besten noch wach ins eigene Bett, damit es später dort aufwacht, wo es eingeschlafen ist. Sie werden dann aber noch einige Zeit am Bett bleiben, trösten und streicheln müssen, damit es sich nicht im Stich gelassen fühlt. Hilfreiche Buchtipps zum Thema finden Sie unter »Bücher, die weiterhelfen« auf Seite 124.

TIPP

Psst – alles ganz leise! Wacht Ihr Kind nachts auf, verzichten Sie auf alle schönen Rituale: Spielen Sie nicht mit ihm, machen Sie kein helles Licht an, und reden Sie nur im Flüsterton. Sonst wird Ihr Kind erst richtig wach und kann dann gar nicht mehr einschlafen.

Geborgenheit schenken

Die Nacht ist die Zeit der Ruhe und Erholung – aber für Kinder ist es manchmal auch eine Zeit der Ängste und Sorgen, der Albträume und der Angst vorm Alleinsein. Sie sollten Ihrem Kind das sichere Gefühl geben, dass es gut aufgehoben und beschützt ist, auch wenn es die Nacht räumlich getrennt von Ihnen allein in seinem Bett verbringt.

Schlecht geträumt?

Ein Kind beginnt vermutlich mit etwa eineinhalb Jahren in Bildern und Szenen zu träumen. Erst im sechsten Lebensjahr kann es aber begreifen, dass das, was es im Traum sieht, hört und erlebt, nicht wirklich existiert, sondern im eigenen Kopf entsteht – und sich nach dem Aufwachen in Luft auflöst.

Ab dem Vorschulalter werden Kinder zudem häufiger von Albträumen geplagt. Reden Sie regelmäßig mit Ihrem Kind über seine Träume, etwa am Frühstückstisch (siehe ab Seite 27). Dadurch wird es entlastet und begreift schneller, dass die Erlebnisse im Traum nicht der Wirklichkeit entsprechen und dass sie aufhören zu existieren, sobald es erwacht. Außerdem erfahren Sie auf diese Weise oft auch Wichtiges über Ihr Kind, denn ebenso wie schöne Erlebnisse wirken sich auch die Ängste und Sorgen Ihres Kindes auf die Inhalte seiner Träume aus.

Schreckt Ihr Kind einmal aus einem furchtbaren Alptraum auf und schreit oder kommt zu Ihnen, weil es nicht mehr einschlafen kann, nehmen Sie es fest in den Arm und sagen Sie ihm, dass Sie da sind und dass alles in Ordnung ist. Lassen Sie es in Ruhe wieder zu sich kommen. Wenn es möchte, kann es Ihnen seinen Traum kurz erzählen. Hat sich Ihr Kind schließlich wieder beruhigt, begleiten Sie es zurück in sein Bett und wünschen ihm aufs Neue eine gute Nacht.

KINDLICHE ALBTRÄUME

Kinder träumen anders als Erwachsene und haben öfter Albträume als diese. Sehr häufig träumen sie von Tieren, die auch ganz furchterregend sein können. Ursachen für Albträume können Ärger mit Freunden, Eltern und Geschwistern oder Stress in der Schule sein. Größere Veränderungen wie ein Umzug oder der Tod des geliebten Haustiers können ebenfalls Albträume auslösen. Auch Krankheit und hohes Fieber oder Medikamente können am nächtlichen Grusel schuld sein – ebenso wie aufregende Geschichten oder Fernsehsendungen vor dem Schlafengehen.

Mit ins Elternbett?

Während Babys meist noch mit im Elternzimmer schlafen – in ihrem eigenen Bettchen – sollten Kleinkinder lernen, allein in ihrem eigenen Bett einzuschlafen. Es ist erwiesen, dass die meisten Kinder besser schlafen, wenn sie die ganze Nacht in ihrem eigenen Zimmer verbringen.

Viele Kinder lieben es, bei Mama und Papa im Bett zu schlafen. Eltern sehen das meist etwas anders. Wenn Sie also Ihre Zweisamkeit bewahren wollen, sollten Sie Ihre Kinder keine nächtlichen Dauergäste werden lassen.

Für kleine Kinder hat das Schlafen im Elternbett nach ihrem Empfinden keine Nachteile: Sie genießen die körperliche Nähe. Allerdings gewöhnen sie sich auch bald daran und sind dann kaum noch davon zu überzeugen, wieder ins eigene Bett umzuziehen und in Zukunft dort zu schlafen.

> **WICHTIG**
> Der Wunsch, im Elternbett einzuschlafen, sollte immer vom Kind ausgehen und nicht von einem Elternteil.

Eine Extraportion Nähe

Gerade in Phasen, in denen Kinder Angst vor dem Alleinsein und der Dunkelheit haben, wirkt das Einschlafen im Elternbett oft Wunder. Die Frage ist eben nur, ob das Kind danach auch wieder im eigenen Bett schlafen möchte.

Manchmal reicht es schon, wenn ein Kind (allein) im elterlichen Bett einschlafen darf und dann später von den Eltern ins eigene Bett getragen wird – das Aufwachen im eigenen Bett ist dabei in der Regel kein Problem. Wenn Sie aber auch das nicht möchten, müssen Sie kein schlechtes Gewissen haben: Sie haben ein Recht auf Ihr eigenes Schlafzimmer und Ihre nächtliche Intimsphäre! Die behalten Sie am besten, wenn Sie Ihr Kind nachts konsequent am eigenen Bett trösten und es nicht aus Bequemlichkeit mit in Ihr Bett nehmen.

Eine Ausnahme von dieser Regel können Sie ja vielleicht machen, wenn Ihr Kind noch sehr klein ist und krank wird oder wenn es sich in einer Krise befindet. Dass dies Ausnahmen sind, akzeptieren auch schon kleine Kinder – immer vorausgesetzt, Sie sagen ihm das von vornherein. So verhindern Sie, dass die Ausnahme still und leise zur Regel wird.

WICHTIGE SCHRITTE UND SCHWIERIGE ZEITEN

Im Leben Ihres Kindes gibt es immer wieder neue Herausforderungen. Rituale helfen ihm, Entwicklungsschritte und unbekannte Situationen zu meistern.

Den Weg ins Leben erleichtern 56
Krisenhelfer für Kleinkinder 64
Erste Abschiede von daheim. 72
Krisen im Kinderalltag erfolgreich meistern 80

Den Weg ins Leben erleichtern

Rund neun Monate war Ihr Kind geborgen in Ihrem Bauch, in seiner kleinen Unterwasserwelt mit gedämpftem Licht, Mamas gleichmäßigem, beruhigendem Herzschlag und abgemilderten Geräuschen von draußen… Um Ihrem Kind bei der Ankunft in unserer lauten, hellen und oft grellen Welt zu helfen, können Sie schon in der Schwangerschaft kleine Rituale einführen, die Sie nach der Geburt beibehalten. So schaffen Sie etwas Vertrautes, das Ihrem Kind den Übergang erleichtern wird.

Wenn ein Baby kommt

Die Sinne Ihres Babys entwickeln sich schon früh. So wird der Herzschlag der Mutter als vertrauter Rhythmus in der ganzen zweiten Schwangerschaftshälfte wahrgenommen. Auch die Stimme der Mutter ist ihm früh vertraut, denn diese wird über die Knochen direkt in sein Innenohr geleitet. Untersuchungen haben sogar ergeben, dass Babys nach der Geburt auf den Klang ihrer Muttersprache viel stärker reagieren, als wenn jemand in einer fremden Sprache mit ihnen spricht.

Allererste gemeinsame Rituale

Nutzen Sie diese Fähigkeiten des Babys in Ihrem Bauch, indem Sie schon früh mit ihm eine Beziehung aufnehmen. Wenden Sie sich Ihrem Kind gedanklich zu, sprechen Sie oft mit ihm, streicheln Sie es, indem Sie über Ihren Bauch streichen, und baden Sie regelmäßig mit Ihrem Kind – so wie Sie es nach der Geburt auch tun werden. Diese kleinen Rituale entspannen Mutter und Kind und vertiefen die Beziehung zueinander. Das Baden ist besonders wohltuend und entspannend für Ihr Kind, sowohl vor als auch nach der Geburt. Denn das Wasser, aus dem es ja kommt, ist sein vertrautes Element.

Zusammen entspannen

In Ihrem Bauch nimmt Ihr Kind durch sein Gehör an der Außenwelt teil. Nicht nur Ihre vertraute Stimme und sanfte Musik kann es wahrnehmen, sondern auch Lärm oder Streit, hektische Musik oder die Geräusche aufregender Fernsehsendungen. Gönnen Sie sich und Ihrem Kind immer wieder eine Auszeit vom Trubel des Alltags, und ziehen Sie sich gemeinsam in Ihre kleine Ruheoase zurück.

Bauen Sie bereits jetzt ein Beruhigungs- oder Schlafritual auf, indem Sie jeden Abend etwa um die gleiche Zeit gemeinsam ruhen. Am besten eignet sich dafür Ihr künftiger Stillplatz, an dem Sie beide ganz für sich sind. Denken Sie dabei intensiv an Ihr Baby, sprechen Sie innerlich oder tatsächlich mit ihm, und streicheln Sie es über Ihren Bauch.

FÜR MAMA

Ein Bad mit Meersalz (aus dem Naturkostladen oder der Apotheke) beruhigt die Haut am Bauch, die in der Zeit vor der Geburt oft juckt und spannt.

> **»FRÜHFÖRDERUNG«**
> Manche Forscher sagen, dass Musik das Baby im Bauch nicht nur beruhigt, sondern auch seine Entwicklung und eventuell sogar seine Intelligenz fördert.

Sie können beim gemeinsamen Ruhe-Ritual auch eine Spieluhr laufen lassen, die Ihr Baby nach der Geburt mit in sein Bett bekommt. Untersuchungen haben gezeigt, dass dieses vorgeburtliche Ritual später dem Neugeborenen vertraut ist und ihm deshalb besonders schnell zur Ruhe verhilft.

In Klangwelten eintauchen

Spielen Sie sich und Ihrem Kind auch mal eine schöne Musik vor. Es kann sie bereits ab dem sechsten Monat gut wahrnehmen. Am besten eignet sich ruhige klassische Musik oder Entspannungsmusik. Die Musikstücke, die Sie während der Schwangerschaft gehört haben, werden auch nach der Geburt beruhigend und entspannend auf Ihr Baby wirken. Musik von Mozart soll Babys übrigens besonders gut entspannen.

Doch tun Sie sich bitte keinen Zwang an! Wenn Sie mit klassischer Musik nicht so viel anfangen können, brauchen Sie nicht extra für Ihr Kind Ihre CD-Regale damit zu füllen. Sie müssen sich erst recht keine Sammlung von Schwangerschaftsmusik zulegen, wenn Ihnen diese Aufnahmen nicht gefallen. Hören Sie gemeinsam mit Ihrem Baby andere Musik, die Ihnen Freude macht – Hauptsache nicht zu hektisch und laut. Denn wenn Sie sich wohl fühlen, geht es auch Ihrem Kind gut!

Babytuch mit Mamaduft

Ähnlich beruhigend wie eine vertraute Spieluhr wirkt ein Babytuch, das Ihren persönlichen Geruch gut angenommen hat. Ihr Baby wird sich nach der Geburt darin fast so wohl fühlen wie an Ihrem Körper. Nehmen Sie das Tuch in der Schwangerschaft so oft wie möglich an sich. Waschen ist tabu. Das ist aber auch nicht nötig. Verzichten Sie dabei auf Parfüm.

Ist Ihr Baby auf der Welt, geben Sie ihm das Mama-Tuch zum Schlafen oder Trösten mit an seinen Schlafplatz. Sobald Ihr Kind eingeschlafen ist, sollten Sie das Tuch aber aus Sicherheitsgründen wieder aus seinem Bettchen herausnehmen. Das Tuch können Sie auch mitnehmen, wenn Sie mit Ihrem Baby Auto fahren oder wenn Sie gemeinsam verreisen – dann hat Ihr Kind immer ein Stückchen Zuhause dabei. Auch ein Trösterchen (siehe Erfolgstipp unten) können Sie schon während der Schwangerschaft mit Mamaduft anreichern.

GU-ERFOLGSTIPP

Ein Tuch, ein Kissen, eine Stoffwindel: Alles, was gut nach Mama duftet, kann für Ihr Baby zum Trösterchen werden. Tragen Sie den Stoff möglichst oft am Körper oder nehmen Sie ihn beim Mittagsschlaf an sich. Sie können Ihrem Kind daraus auch ein einfaches Püppchen basteln: Legen Sie ein Seidentuch mit Mamaduft um ein kleines Wollknäuel, und binden Sie das Tuch darunter mit Bindfaden fest zu. Ein solches Trösterchen ist oft über Jahre ein treuer Begleiter: Es kommt überall hin mit, auch ins Bett. Dort erleichtert es das Einschlafen. Manchmal ersetzt es auch den Schnuller, weil das Baby am Tuch nuckelt. Verwenden Sie deshalb naturbelassene oder mit Naturfarben gefärbte Seide oder Baumwolle.

Nur den vertrauten eigenen Geruch oder den der Eltern soll es an sich haben, dagegen keine starken Düfte nach Parfüm oder Waschmittel. Ist Waschen ab und zu nötig, setzen Sie am besten zwei Trösterchen im Wechsel ein.

Willkommen, kleiner Mensch!

Die Geburt eines Kindes ist ein großartiges Ereignis und natürlich ein wichtiger Anlass für ein feierliches Willkommensritual. Traditionell wird in unserer christlich-abendländischen Kultur eine kirchliche Taufe gefeiert, im Kreis der Familie und enger Freunde, mit Taufpaten und einem festlichen Essen nach der kirchlichen Feier. Heute entschließen sich immer mehr Menschen gegen das kirchliche Aufnahmeritual, weil sie mit der Kirche nichts mehr am Hut haben. Deshalb muss man aber nicht auf ein Willkommensritual verzichten, wenn ein Baby geboren ist. Allerdings erfordert es noch Fantasie und auch ein wenig Mut, ein ganz persönliches Ritual zu entwickeln, denn feste Alternativen zur Taufe haben sich noch nicht herausgebildet.

Feierliches Geburtsfest

Vielleicht haben Sie ja in Ihrem Freundeskreis schon einmal ein solch individuelles Geburtsfest erlebt, von dem Sie hilfreiche Anregungen bekommen haben. Oder Sie suchen sich selbst schöne Symbole, um Ihr Kind willkommen zu heißen. Schaffen Sie am besten auch etwas Bleibendes, das Ihr Kind auf seinem Lebensweg begleiten kann. Hier finden Sie einige Vorschläge und Anregungen, wie ein ganz individuelles Willkommensfest für Ihr Baby aussehen könnte.

› Laden Sie Familie, Freunde und vor allem viele Kinder ein – machen Sie aus diesem Fest sozusagen den ersten Kindergeburtstag. Die Kinder stehen im Mittelpunkt.

› Jedes Kind darf für das Baby ein Bild malen. Die Erwachsenen schreiben ihre Wünsche, die sie dem neuen Erdenbürger mit auf den Lebensweg geben möchten, in ein schönes Geburtsbuch. Später werden auch die Fotos vom Fest hineingeklebt.

› Oder Sie basteln ein Mobile. Befestigen Sie an den Drähten beziehungsweise Stäben die Wunschkärtchen, die Sie vorher mit der Einladung an die Gäste verschickt haben – mit

---

TIPP: Lebensspuren

Eine schöne Erinnerung an diesen besonderen Tag ist der Hand- oder Fußabdruck Ihres Babys, zum Beispiel mit Wasserfarbe (aus der Flasche oder Tube, nicht zu kalt!) auf schönem Papier. Wenn Ihr Baby das Drucken toll findet und begeistert mitmacht, können Sie vielleicht sogar jedem Gast einen Abdruck mitgeben!

der Bitte versehen, dass diese darauf die guten Wünsche für das Baby schreiben.

> Sie können auch eine Blume oder ein Windrad aus Holz basteln, etwa aus dünnem Balsaholz (Modellbau-Holz), das Sie in jedem Bastelladen bekommen. Auf jedes Blütenblatt oder jeden Windradflügel schreibt jeweils ein Gast seinen Namen und seinen Wunsch für Ihr Kind. Diese symbolische Taufgemeinde begleitet den neuen Erdenbürger durch die Jahre.

> Stellen Sie auf dem Fest Ihr Baby offiziell Ihrer Familie und Ihren Freunden vor: Erzählen Sie, wann Sie sich ein Kind gewünscht haben, wie Sie die Schwangerschaft erlebten und wie Sie einen Namen für Ihr Kind gefunden haben. Sprechen Sie vor allem auch Ihre Wünsche und Hoffnungen für Ihr Kind aus. Jeder Gast darf Ihrem Baby etwas wünschen, das es in seinem Leben begleiten soll.

> Pflanzen Sie zur Geburt Ihres Kindes ein Bäumchen im Garten. Wenn Sie keinen eigenen Garten haben, fragen Sie doch einfach Verwandte oder Freunde, ob Sie in deren Garten das Bäumchen pflanzen dürfen. Das Geburtsbäumchen wächst gemeinsam mit Ihrem Sohn oder Ihrer Tochter. Sie können es regelmäßig zusammen besuchen und schauen, wer schneller wächst. Wie schön, später im Leben mal einen festen Baumstamm zum Anlehnen zu haben!

Für eine schöne Stillzeit

> **TIPP**
> Wenn Sie den gemütlichen Rahmen rund ums Stillen auf den Tag beschränken und Ihrem Kind nachts ohne dieses Ritual die Brust geben, lernt Ihr Baby schneller, zwischen Tag und Nacht zu unterscheiden.

Stillen ist viel mehr, als seinem Kind die optimale Nahrung zu geben: Wie der Begriff schon sagt, wird das Baby dabei still, innerlich zufrieden – und die Mutter auch. Ihr Kind tankt beim Saugen neben der Nahrung noch die ebenfalls lebenswichtige seelische Geborgenheit. Es wird rundum genährt durch den Einfluss von Milch und Liebe. Und das umso stärker, je mehr Sie sich auf das Stillen konzentrieren, ohne nebenher zu telefonieren, zu lesen oder sich zu unterhalten. So zeigen Sie Ihrem Kind auch, wie willkommen es ist und wie ernst Sie es nehmen. Zudem sorgt das Stillen, sobald es eingespielt ist, für einen strukturierten Tagesablauf, der die Schlaf- und Wachphasen Ihres Kindes immer berechenbarer macht.

Stillen als schönes Ritual

Das Stillen kann für Sie und Ihr Baby zu einem besonderen Ritual der Zweisamkeit werden, für das nur Sie zwei sich treffen, an einem angestammten Platz die Ruhe und Nähe genießen und in dieser Symbiose Glück finden. Schon in den ersten Wochen kann Ihr Baby einen sehr intensiven Blickkontakt zu Ihnen aufnehmen. Es wird Sie ansehen, und wenn Sie ganz bei Ihrem Baby sind, entsteht so schnell eine intensive Beziehung.

Ihr Baby wird den Stillplatz auch bald erkennen und wissen: Sein Hunger nach Nahrung und Liebe wird jetzt gestillt, es kommt in dieser Zeit, die nur Ihnen beiden gehört, voll auf seine Kosten. Wenn Sie den Stillplatz im Babyzimmer einrichten, akzeptiert das Kind sein Zimmer oft viel leichter, weil es etwas besonders Angenehmes damit verbindet. Das hilft ihm oft auch, nachts gut in seinem Bettchen zu schlafen.

Selbstverständlich werden Sie Ihrem Kind auch immer wieder mal unterwegs die Brust geben – das Praktische am Stillen ist ja gerade, dass Sie die Nahrung immer dabeihaben. So können Sie Ihrem Kind auch in fremder Umgebung Geborgenheit vermitteln und ihm in Ihrem gemeinsamen Ritual Zuwendung schenken. All das gilt natürlich auch entsprechend, wenn Sie Ihr Kind mit dem Fläschchen füttern.

So wird das Abstillen leichter

Es ist nur zu verständlich, dass oft beide Seiten, Mutter und Kind, ihre Symbiose beim Stillen ungern aufgeben wollen. Entsprechend sollte das Lösen dieser innigen Mutter-Kind-Beziehung auch ganz behutsam erfolgen. Die Zeit des Abstilles ist eine Übergangsphase von der Muttermilch auf andere Nahrung. Ersetzen Sie also nach und nach eine Stillmahlzeit pro Tag durch eine andere Mahlzeit. Wenn das schwierig ist, versuchen Sie doch einmal, Ihr Kind auf dem angestammten Stillplatz zu füttern – damit sich für Ihr Baby nicht alles Vertraute und Liebgewonnene auf einmal ändert.

Viele Babys suchen sich während des Abstillens und in der Zeit danach auch einen Ersatz für das beruhigende Nuckeln an Mamas Brust, indem sie an ihrem Daumen lutschen. Sie können Ihrem Kind aber auch einen Schnuller anbieten, damit es weiterhin etwas zum Saugen hat. Auch das Trösterchen (siehe Erfolgstipp Seite 59) tut jetzt gute Dienste.

Das Entwöhnen von der Brust wird Ihrem Baby zudem leichter fallen, wenn es schon auf andere bekannte Rituale vertrauen kann, also zum Beispiel weiß: »Wenn ich Hunger habe und weine, kommt Mama, nimmt mich auf den Arm und tröstet mich. Dann setzt sie sich mit mir auf den Sessel und füttert mich.« (So, wie Sie Ihr Kind bisher mit der Brust gefüttert haben, füttern Sie es nun aus dem Gläschen.)

Wenn es Ihrem Baby trotz der behutsamen Entwöhnung noch schwer fällt, auf das geliebte Stillen zu verzichten, sollten Sie das schöne Drumherum ab sofort weglassen und das Stillen wirklich nur noch als Füttern betrachten. So ist es für größere Babys meist nur noch wenig attraktiv. Allerdings sollten Sie die Intimität und den intensiven Körperkontakt ersetzen, indem Sie viel mit Ihrem Kind kuscheln, es immer wieder mal in den Arm nehmen und gemütlich mit ihm spielen, etwa auf einer Decke am Boden.

> **TIPP: Genug Streicheleinheiten geben und viel kuscheln**
> Die intensive Nähe und den innigen Körperkontakt der Stillzeit können Sie während des Abstillens Schritt für Schritt durch andere Kuschelrituale ersetzen: Vielleicht darf Ihr Kind morgens oder abends eine Extrarunde mit Ihnen im Bett kuscheln, oder die Mittagsruhe Ihres Kindes wird mit einem entsprechenden Ritual verbunden.

Krisenhelfer für Kleinkinder

Ob die Entwöhnung von der Windel und vom Schnuller oder plötzliche Wutausbrüche in der Trotzphase – gerade im Kleinkindalter hält das Leben große Herausforderungen bereit. Ihr Kind durchläuft nun in kurzer Zeit viele Entwicklungsphasen, die manchmal auch mit Krisen einhergehen. Rituale sind wohltuende Stützpunkte, die Geborgenheit und Sicherheit vermitteln. Sie zeigen Ihrem Kind, dass zwar nicht alles, aber doch das meiste Liebgewordene und Vertraute erhalten bleibt.

Von der Windel aufs Töpfchen

Oft entstehen die ersten Kämpfe zwischen Eltern und Kindern in der Phase des Sauberwerdens. Die Eltern möchten, dass ihr Kind endlich die Windeln loswird und Töpfchen oder Toilette benutzt – und das Kind entdeckt, dass es auch »Nein!« sagen kann. Dieser Abschnitt fällt mit der sogenannten Trotzphase (ab Seite 68) zusammen, was die Sache nicht gerade erleichtert. Dennoch muss das Sauberwerden kein Kampf sein: Gelassenheit ist jetzt am wichtigsten. Bedenken Sie in jedem Fall, dass Ihr Kind erst einen bestimmten Entwicklungsstand erreicht haben muss, bevor Sie mit dem Töpfchenritual beginnen können.

So klappt das Sauberwerden

Ernsthaft Gedanken müssen Sie sich erst machen, wenn Ihr Kind mit vier Jahren noch nie »sauber« war, wenn es mit sechs Jahren nachts noch nicht trocken ist oder wenn es wieder mit dem Bettnässen beginnt, nachdem es schon einmal einige Wochen oder Monate lang trocken war. Fragen Sie in einem solchen Fall bitte Ihren Kinderarzt um Rat.

Natürlich können Sie Ihr Kind auch aktiv beim Sauberwerden unterstützen. Am besten damit, dass Sie keinen Druck ausüben und keine Erwartungen äußern.

> Am einfachsten geht es meist, wenn Sie darauf achten, wann Ihr Kind zu drücken beginnt. Bei vielen Kindern geschieht das nämlich täglich etwa zur selben Zeit. Dann können Sie mit ihm ins Bad gehen und es ermutigen, sich auf den Topf zu setzen.
> Eine andere Möglichkeit ist, Ihrem Kind einfach zu zeigen, wie es die Großen machen – denn groß werden will es bestimmt auch. Nehmen Sie es ab und zu mit, wenn Sie selbst auf die Toilette gehen, und stellen Sie daneben ein Töpfchen, auf das es sich setzen kann – aber nur, wenn es selbst möchte!
> Vielleicht will Ihr Kind ja lieber auch auf die Toilette, um es Ihnen nachzumachen – warum nicht? Dafür gibt es schließlich extra Toilettensitze für Kinder. Wenn Ihr Kind aber all das nicht will, dann eben (noch) nicht!

WICHTIG

Erst im Alter von etwa 18 Monaten ist das kindliche Gehirn in der Lage, eine volle Blase zu melden. Die anderen nötigen Fähigkeiten, um auf die Toilette oder den Topf zu gehen, sind aber zu diesem Zeitpunkt noch nicht ausgebildet. Also bitte nicht drängeln!

NACKT DURCH DEN SOMMER

Die warme Jahreszeit eignet sich am besten zum Trockenwerden. Wenn Ihr Kind nackt im Garten oder am Badesee herumläuft, spürt es den Urin am Bein herunterlaufen und empfindet das meist als unangenehm. Es wird dann von allein zu Ihnen kommen und auf die Toilette wollen. Ein kleines Töpfchen können Sie ja in den Garten stellen oder in einer Tüte mitnehmen.

Ungeeignete Rituale zum Sauberwerden

Messen Sie dem Sauberwerden keine zu große Bedeutung bei. Denn die Umstellung läuft meist gerade dann ganz selbstverständlich ab, wenn die Umgebung der Sache kein übertriebenes Interesse entgegenbringt. Lassen Sie das »große Geschäft« Ihres Kindes auf keinen Fall zum Geschenk für die Eltern werden, das schon sehnsuchtsvoll erwartet wird. Denn dann könnte sich Ihr Kind möglicherweise sehr gut überlegen, ob es etwas hergeben oder lieber behalten will. Damit kann der Topf zum Thron werden, von dem aus das Kind regiert. Solche Töpfchen-Rituale sind daher denkbar ungeeignet.

Einfach abwarten

Wenn es mit dem Sauberwerden noch nicht klappt, sollten Sie Ihrem Kind auch nicht den Eindruck vermitteln, es könne nicht leisten, was Sie von ihm erwarten. Sonst gibt es vielleicht seine Versuche frustriert auf, und sein Selbstvertrauen ist angeknackst. Tadeln Sie deshalb Ihr Kind auf keinen Fall, wenn es nicht klappt, aber loben Sie es, wenn es Erfolg hat – ohne dabei zu übertreiben: »Das ist aber schön! Siehst du, jetzt bist du schon so groß, dass du das auch kannst.«

Gewohnheiten überprüfen

Wenn Ihr Kind so gar nicht aufs Töpfchen oder zur Toilette will, könnte auch etwas anderes dahinterstecken. Vielleicht erfährt es beim Wickeln besonders viel liebevolle Zuwendung, auf die es nicht verzichten möchte. Dann sollten Sie, ähnlich wie beim Abstillen, ab jetzt auf das schöne Drumherum am Wickeltisch verzichten. Gestalten Sie stattdessen das Wickeln eher nüchtern und bauen Sie die Zuwendung, die Ihr Kind braucht, an anderer Stelle ein (siehe Kasten Seite 63). Dann könnte es auch bald mit dem Töpfchen klappen.

Schnuller ade!

Nur wenige Kinder geben ihren Schnuller gern und freiwillig her. Meist müssen sich Eltern etwas Besonderes einfallen lassen. Schlagen Sie Ihrem Kind doch ein schönes Ritual vor, das ihm den Abschied erleichtert.

> Vielleicht darf Ihr Kind seinen Schnuller dem Nikolaus, Christkind oder Osterhasen schenken (je nach Saison) – sozusagen im Tausch gegen die Geschenke.
> Es baut mit Ihnen ein kleines Holzfloß und setzt es mit dem Schnuller darauf in den Bach.
> Ihr Kind darf auf einen Baum klettern und seinen Schnuller der diebischen Elster für ihre Schatzsammlung hinterlegen. Sie tauschen den Schnuller nachts gegen eine andere kleine Kostbarkeit aus, ein Dankeschön vom Vogel.
> Der Schnuller darf an einem gasgefüllten Ballon in den Himmel aufsteigen – aber nur, wenn Ihr Kind das möchte! Vielleicht findet sich ja ein kleiner Engel, der ihn gut brauchen kann. Oder Sie schreiben gemeinsam einen Brief an den Finder und befestigen ihn auch an der Schnur des Ballons.
> Vielleicht kommt auch schon mal die Zahnfee (siehe Seite 78) oder gar die Schnullerfee vorbei und tauscht den Schnuller nachts gegen etwas Nettes anderes aus. Solche Aktionen sollten Sie aber unbedingt vorher mit Ihrem Kind absprechen, sonst könnten Sie großen Ärger mit ihm bekommen!

SCHNULLER IM RUHESTAND

In Stockholm gibt es ein wunderbares Schnuller-Abschiedsritual – eine »offizielle Schnullerabgabestelle«! Die Kleinen aus Stockholm und Umgebung können im Skansen-Park ihren Schnuller in das Schnullerhaus zu allen Schnuller-Gefährten werfen. Dort fühlen sich die Schnuller wohl, werden nach Farben sortiert auf Ketten aufgezogen, an Bäume gehängt und haben ein schönes Leben in der Schnuller-Gemeinschaft. Sehr viele Kleinkinder verabschieden sich auf diese Art von ihrem »Dizi« (oder »Napp«, wie der Schnuller auf Schwedisch heißt) – und oft haben sie in einer Tüte auch noch sämtliche Ersatzschnuller dabei, um sie zu ihrem neuen Zuhause zu bringen.

Kleine Trotzköpfe brauchen Rituale

Die sogenannte Trotzphase stellt hohe Ansprüche an die Nerven der Eltern, vor allem aber an das Kind selbst: Es muss viele wichtige Entwicklungsschritte leisten und braucht dabei eine Menge Unterstützung. Am besten können Sie ihm helfen, wenn Sie wissen, warum es sich in dieser Zeit so verhält – und entsprechend reagieren. Dann muss die Trotzphase, auch »kleine Pubertät« genannt, nicht zur großen Krise im Kinderleben werden, sondern kann für alle Beteiligten schön und gewinnbringend verlaufen.

Warum ein Kind trotzen muss

Zwischen dem zweiten und vierten Lebensjahr entdeckt ein Kind seine eigene Persönlichkeit und seinen eigenen Willen. Es sagt »ich« statt wie bisher seinen Vornamen, wenn es von sich selbst spricht. Und es sagt auch deutlich »Nein!«. Kombiniert heißt das dann oft: »Nein, ich will nicht!« Das sagt Ihr Kind nun auch bei jeder unpassenden Gelegenheit, sogar wenn es etwas angeboten bekommt, das es eigentlich mag.

Da der neue Drang zur Selbstbestimmung und -behauptung auf äußere Widerstände stößt und immer wieder gebremst wird, versucht das Kind, seinem Willen Nachdruck zu verleihen. Es wird aufsässig, bockig, bis es schließlich ganz die Fassung verliert und einen Wutanfall bekommt: Das Kind wirft sich auf den Boden, schreit und schlägt um sich, strampelt und tobt, manchmal bis es

---

LERNAUFGABEN IN DER TROTZPHASE

Ihr Kind soll in dieser Zeit lernen,
- seinen Willen zu üben und sich durchzusetzen.
- Rücksicht zu nehmen.
- Kompromisse zu schließen.
- mit seiner Wut umzugehen.
- dass es sowohl gewinnt als auch verliert.
- dass es mit Trotz allein nichts erreicht.
- dass berechtigte Wünsche berücksichtigt werden, wenn man sie angemessen mitteilt.
- dass es verlässliche Grenzen gibt.
- dass es neben der eigenen Person auch andere Menschen mit Wünschen gibt, die respektiert werden wollen.

keine Luft mehr bekommt. Da es noch nicht gelernt hat, seine Gefühle zu kontrollieren (dazu durchlebt es ja diese Phase), gehen diese bisweilen hemmungslos mit ihm durch.

TIPP
Vermeiden Sie Sätze mit »Du sollst…« oder »Du musst…«. Diese Worte wecken Widerstände! Sagen Sie statt »Du musst jetzt aufhören zu malen, weil wir essen« lieber »Wir essen jetzt«. Kündigen Sie es rechtzeitig an: »Du darfst dein Bild noch fertig malen, dann essen wir.«

Was tun bei Wutausbrüchen?
In der Trotzphase braucht Ihr Kind eine Extraportion Verständnis und Geborgenheit. Es befindet sich in einer schwierigen Phase!
> Schimpfen Sie nicht mit Ihrem Kind, und bestrafen Sie es nicht, denn es steckt kein böser Wille hinter seinem Verhalten – auch wenn das manchmal durchaus so scheinen mag. Vielmehr fehlen ihm noch die passenden Worte, um seinen Gefühlen Ausdruck zu geben. Vielleicht hilft es Ihrem Kind ja, wenn Sie diese Worte aussprechen: »Du bist ganz schön wütend, weil…« oder »Es ärgert dich jetzt sicher sehr, dass…«.
> Am besten warten Sie möglichst gelassen ab, bis der Wutausbruch zu Ende ist. Vielleicht halten Sie Ihr Kind ganz fest und trösten es. Nehmen Sie es auf jeden Fall ernst.
> Seien Sie freundlich, aber bestimmt. Es geht keinesfalls darum, den Willen Ihres Kindes zu brechen! Sie müssen nicht jeden Machtkampf austragen. Fragen Sie sich immer wieder, ob es noch um die Sache oder nur noch ums Kämpfen geht.

> **GU-ERFOLGSTIPP**
>
> Machen Sie das Beste aus Wut- und Trotzanfällen Ihres Kindes: Die »Nachbesprechung« darüber, wie Ihr Kind beim nächsten Mal besser mit Wut und Zorn umgehen kann – und wie Sie besser reagieren können –, ist eine gute Gelegenheit, um vielleicht neue Rituale zu (er)finden. Solche Rituale werden oft zu richtigen Hits!

> Wenn Sie ein Verbot aussprechen, begründen Sie es in einer für Ihr Kind verständlichen Weise, damit es merkt, dass Sie nicht willkürlich entscheiden. Aber prüfen Sie auch die Wünsche Ihres Kindes: Vielleicht sind sie ja berechtigt. Sagen Sie nicht immer automatisch Nein. Setzen Sie aber auch Grenzen, wenn Sie es für richtig halten.

> Schließen Sie Kompromisse: Das ist meist die beste Lösung für alle Beteiligten. Denn wenn Ihr Kind mitentscheiden und in einem gewissen Rahmen auswählen kann, fühlt es sich ernst genommen und kann auch ein Nein besser akzeptieren. Wenn Ihr Kind beispielsweise beim Essen oder bei der Kleidung aus einem Angebot wählen kann, hat es das Gefühl, selbst entschieden zu haben – und darum geht es ja.

> Versuchen Sie es immer wieder spielerisch. Wenn sich Ihr Kind nicht beim Anziehen und Kämmen helfen lassen will, schlagen Sie ihm vor: »Komm, wir spielen, dass du noch ein Baby bist und dich noch nicht allein anziehen kannst.« Oder: »Du bist ein Pferdchen, und ich lege Dir die Pferdedecke über… jetzt die Hufeisen… und jetzt kämme ich Dein Fell, damit es schön glänzt.« Vielleicht lässt es sich dann helfen. Wenn Ihr Kind nicht gekämmt werden möchte, können Sie auch Friseur spielen: »Du darfst mich kämmen und ich dich!«

> Das Wichtigste für Ihr Kind ist, mit seiner Wut umgehen zu lernen, ohne andere mit Worten und Taten zu verletzen. Es muss begreifen, dass Wut an sich in Ordnung ist und dass ein anderer der Auslöser der Wut sein kann, aber nicht daran schuld sein muss – vielmehr ist es dieses Gefühl, das es überwältigt.

> Bei allem Verständnis: Sie müssen nicht alles dulden! Zeigen Sie Ihrem Kind Wege aus seiner Wut: »Ich verstehe, dass du wütend bist, aber das ändert nichts daran, dass du dies oder jenes akzeptieren musst. Komm, wir gehen in dein Zimmer, dort kannst du tun, was du willst, bis deine Wut vorbei ist.«

> In jedem Fall sollten Sie mit Ihrem Kind nach einem Wutanfall in Ruhe darüber reden und gemeinsam überlegen, warum es so wütend war und wie es sich in Zukunft besser mit diesem Gefühl umgehen ließe.

Die Wut verarbeiten

Je nach Temperament geht jeder Mensch unterschiedlich mit seiner Wut um. Finden Sie gemeinsam mit Ihrem Kind heraus, welches Ritual sich am besten eignet, damit es mit seiner Wut besser klarkommt.

> Zum Abreagieren von Wut und Zorn ist das Zerreißen von Papier und Stoff ein gutes Ventil. Geben Sie Ihrem Kind dazu einige alte Zeitungen, Zeitschriften oder Kataloge, die es nach Herzenslust zerreißen kann, auch viele Katalogseiten auf einmal. Dabei spürt es seine ganze Kraft. Besonders anspruchsvoll sind Telefonbücher, die gar nicht so leicht zu zerreißen sind. Dasselbe geht auch mit alter Kleidung oder Stoffresten.

> Für ruhigere Typen und ältere Kinder kann es ein sehr hilfreiches Mittel gegen Ärger sein, zehnmal ganz lange und tief ein- und auszuatmen. Üben Sie das gemeinsam.

> In der Öffentlichkeit, etwa im Supermarkt oder im Restaurant, eignet sich ein versteckter Wutausbruch: Die Fäuste ganz fest in den Hosentaschen ballen, dabei einatmen. Beim Ausatmen die Spannung in den Händen wieder loslassen. Wiederholen, bis der »Dampf« verraucht ist.

> Die Wut lässt sich auch prima in einen Hefeteig, in Ton oder in nassen Sand kneten. Vielleicht will Ihr Kind seiner Wut ja ein ganz grässliches Gesicht geben – über das man danach vielleicht sogar lachen kann ...

> Sich sportlich betätigen hilft immer, auch als Vorbeugung.

> Manche Kinder toben oder tanzen ihre Wut auch gern heraus.

> Lassen Sie Ihr Kind ein magisches Wort für Wut-Situationen (er)finden, zum Beispiel »locker!« oder »aaawwwuuuaaa«.

> Vielen Kindern tut es gut, bei in ihnen aufsteigender Wut auf etwas einzuschlagen (siehe Kasten). Dann ist es von Vorteil, wenn sich in der Nähe etwas findet, dem das nicht weh tut!

TIPP: Die Wut rausboxen

Es gibt viele Möglichkeiten, wie Kinder ihre Wut rausboxen können:
> Bettdecke oder Kissen
> Ein mit Styroporperlen gefüllter Sitzsack
> Der Boxsack – eine lohnende Anschaffung, wenn Sie mehrere Kinder haben oder sich auch selbst gern mal austoben!
> Ein großer Teddy mit dickem Fell

Erste Abschiede von daheim

Bei den meisten Kindern gibt es in den ersten Lebensjahren nur kurze Trennungsphasen von den Eltern. Das Spiel mit anderen Kindern ist noch zurückhaltend, und Mama oder Papa sind meist mit dabei. Das ändert sich spätestens in der Trotzphase: Ihr Kind beginnt jetzt Selbst-Bewusstsein zu entwickeln und wird immer selbstständiger. Es will die Welt erobern – aber erst einmal natürlich in kleinen Schritten. Denn das Abschiednehmen fällt den meisten Kindern noch ganz schön schwer!

Scheiden tut weh

So groß sein Freiheitsdrang auch ist, Ihrem Kind wird es am Anfang immer schwer fallen, von Ihnen Abschied zu nehmen. Denn nirgendwo fühlt es sich so sicher wie bei den Eltern. Und ein wenig spielt beim Trennungsschmerz auch immer die Befürchtung mit, vielleicht doch nicht abgeholt zu werden. Diese Angst lässt aber nach, wenn Ihr Kind immer wieder die Erfahrung macht, dass es sich auf die Eltern verlassen kann – und dass es auch bei anderen Menschen Sicherheit und Trost findet. Deshalb sollte das Loslösen von den Eltern nicht abrupt mit dem Eintritt Ihres Kindes in den Kindergarten beginnen. Vielmehr ist es sinnvoll, wenn Sie schon vorher üben.

»Auf Wiedersehen, mein Kind!«

Das Abschiednehmen fällt kleinen Kindern oft noch sehr schwer. Aber zum Glück gibt es ja danach immer auch ein Wiedersehen mit einer freudigen Begrüßung. Das macht Ihrem Kind die noch ungewohnte Trennung leichter. Auch schöne Rituale zum Abschied helfen ihm dabei.

Abschiedsrituale

Nehmen Sie sich ausreichend Zeit für den Abschied, aber dehnen Sie ihn auch nicht endlos aus. Manchmal fällt der Abschied den Eltern noch schwerer als den Kindern. Und wenn Kinder dies spüren, werden sie verunsichert und fangen an zu klammern.

> Üben Sie die Trennungssituation mit Ihrem Kind: Verabschieden Sie sich für kurze Zeiten voneinander, etwa zum Einkaufen oder für eine Spazierfahrt mit der Oma.
> Führen Sie ein kleines Abschiedsritual ein: Nehmen Sie Ihr Kind auf den Arm, geben Sie ihm einen dicken Kuss, setzen Sie es in den Wagen und geben Sie ihm etwas von sich mit, vielleicht ein Halstuch, einen Stein, eine Dose oder ein kleines Stofftier, das Ihnen gehört und nur für die Zeit der Trennung eingesetzt wird. Solche Gegenstände geben Ihrem Kind viel Sicherheit, vor allem auch später im Kindergarten, wenn es länger von Ihnen getrennt ist.

WICHTIG
Beim kleinen Abschiedsritual ist es besonders wichtig, dass es jedes Mal ganz genau gleich abläuft.

- Sie können sich auch etwas Besonderes ausdenken, das in Ihrer Familie zum Abschiedsritual wird. Vielleicht gibt es immer einen Nasenkuss wie bei den Eskimos oder mehrere kleine Küsschen auf Mund, Wangen, Stirn, Augen, Nase, Kinn und Ohren – natürlich immer in der gleichen Reihenfolge!
- Oder es gibt ein Abschiedsbriefchen: Stecken Sie ein kleines Zettelchen mit einem Bild, später dann lieben Worten darauf in die Jackentasche Ihres Kindes. Das darf es herausnehmen, wenn Sie außer Sichtweite sind.

Begrüßungsrituale

Zeigen Sie Ihrem Kind, dass auf jedes »Auf Wiedersehen!« ein »Herzlich willkommen!« folgt. Gestalten Sie nach jeder Trennung eine fröhliche Begrüßung, auf die sich Ihr Kind freuen kann.

- Vielleicht darf es in Ihre Arme laufen, oder Sie drehen sich gemeinsam. Dann gibt Ihr Kind Ihnen den Trennungsgegenstand (siehe Seite 73) wieder zurück, den es nun nicht mehr braucht. Vielleicht wiederholen sich auch die liebevollen Gesichtsküsschen vom Abschiedsritual in umgekehrter Reihenfolge …
- Machen Sie in jedem Fall auch aus dem Wiedersehen ein kleines, immer wiederkehrendes Ritual. Denn damit und mit dem verlässlichen und pünktlichen Abholen wird Ihr Kind die nötige Sicherheit gewinnen, um auch beim nächsten Mal wieder ohne große Angst »Tschüss!« zu Ihnen sagen zu können.

Im Kindergarten

Der Eintritt in den Kindergarten (oder in die Kinderkrippe) ist für Kinder wie Eltern ein wirklich großer Schritt nach draußen. Denn nun geht das Kind regelmäßig für einen längeren Zeitraum in eine andere Umgebung mit anderen Kindern, neuen Bezugspersonen und auch anderen Ritualen.

Gut vorbereitet

Damit der Übergang in den neuen Lebensabschnitt für Kinder und Eltern nicht zu abrupt ist, hilft beiden Seiten eine gute Vorbereitung. Sehen Sie sich die Einrichtung gut an, bevor Sie Ihr Kind anmelden. Danach gehen Sie mit Ihrem Kind gemeinsam zum Besichtigen des Kindergartens. Vereinbaren Sie mit den Erzieherinnen Probestunden oder Probetage – die bietet inzwischen fast jede Kindertagesstätte an. Bilderbücher zum Thema (siehe »Bücher die weiterhelfen«, Seite 124) und vor allem Erzählungen von älteren Kindern im Bekannten- und Verwandtenkreis können Vorfreude auf den Kindergarten wecken. Wenn die Kleinen hören, wie lustig und spannend es dort zugeht, werden sie bald neugierig. Kaufen Sie dann noch gemeinsam die Kindergartentasche und die Hausschuhe, wird es Ihr Kind kaum mehr erwarten können. Es erleichtert den Übergang zusätzlich, wenn Ihr Kind in den ersten Tagen und Wochen regelmäßig, aber nicht zu lange im Kindergarten bleibt. Wichtig ist auch: Machen Sie Ihrem Kind deutlich, dass es völlig in Ihrem Sinn ist, wenn es jetzt in den Kindergarten geht. Schließlich wird Ihr Sprössling dort eine Menge erleben und lernen, was Sie ihm zu Hause gar nicht bieten können. Ihr Kind kann in der Kindergartengruppe soziale Spielregeln und Gruppenverhalten einüben, also mit anderen umgehen, sich behaupten, aber auch lernen, sich in eine Gruppe einzufügen. Es muss üben, Konflikte auszutragen, und es wird insgesamt selbstständiger und unabhängiger von zu Hause.

TIPP

Wenn es irgend möglich ist, sollten Sie Ihr Kind nicht zeitgleich zur Geburt eines kleinen Geschwisterchens für den ersten Besuch im Kindergarten anmelden. Die ohnehin schon quälende Eifersucht wird dadurch noch stärker: Das ältere Kind fühlt sich von schönen Sachen ausgeschlossen, die Mama und Baby tagsüber machen, und es fühlt sich weggeschickt. Es ist besser, wenn zwei so einschneidende Phasen nacheinander ablaufen.

Zudem bekommt Ihr Kind im Kindergarten eine Menge gezielte pädagogische Anregungen. Es gibt dort viele Möglichkeiten für Bewegung und Sport, man kann basteln, singen, werken, musizieren und malen – ein vielseitiges Angebot! Außerdem bekommt Ihr Kind mit der Erzieherin eine neue Bezugsperson. Sie wird ihm oft so wichtig, dass sie gleich nach den Eltern kommt und gern zum Vorbild genommen und nachgeahmt wird. Das ist aber kein Grund zur Eifersucht: Die Erzieherin ist keine Konkurrentin für Sie, sondern eine echte Bereicherung für Ihr Kind!

EIN GARTEN FÜR KINDER

Den Begriff »Kindergarten« prägte der deutsche Pädagoge Friedrich Wilhelm August Fröbel – die Kinder sollen dort wie junge Pflanzen gehegt werden. Fröbel gründete 1840 in Bad Blankenburg im Thüringer Wald die erste Einrichtung mit diesem Namen. Im Mittelpunkt seiner Pädagogik stand das Spiel als typisch kindliche Lebens- und Lernform. Die von Friedrich Fröbel entwickelten Spiel- und Lernmaterialien sind noch heute anerkannt.

Um 1910 gab es immerhin schon für etwa 13 Prozent aller Kinder in Deutschland einen Kindergartenplatz, in den 1970er Jahren für knapp die Hälfte. Seit 1996 gibt es in Deutschland einen Rechtsanspruch auf einen Kindergartenplatz für Kinder vom vollendeten dritten Lebensjahr bis zur Einschulung. In einigen Bundesländern gilt der Rechtsanspruch nur, wenn die Eltern berufstätig oder sonstwie an der Ausübung ihrer Erziehungspflicht gehindert sind.

Ab heute schon ein Schulkind

Viele Erwachsene behaupten, mit dem Schuleintritt beginne der berühmte Ernst des Lebens. Das stimmt sicher nur zum Teil, denn gerade zu Beginn der Grundschule läuft vieles zum Glück noch sehr spielerisch ab. Die meisten Kinder gehen ja zumindest in den ersten Jahren auch gern zur Schule. Und ernst genommen haben sie den Kindergarten auch schon.

Auf der anderen Seite ist die Schule tatsächlich keine freiwillige Veranstaltung mehr, und Leistungen, Pflichten und Selbstverantwortung lösen das reine Spiel ab. Das muss nicht grundsätzlich negativ sein. Wenn aber der Leistungsdruck zu groß wird und die Erwartungen der Eltern nicht mehr erfüllt werden können, fangen Kinder an, unter der Schule zu leiden.

Häufig erleben Kinder die Schule aber als positive Herausforderung, die ihnen Freude bereitet. Und sie wachsen mächtig an ihren neuen Aufgaben. Außerdem gewinnen sie neue Freunde und mit der Klassenlehrerin oder dem Klassenlehrer eine neue Bezugsperson – die sie allerdings mit zwanzig bis dreißig anderen Kindern teilen müssen, was manchen schwer fällt.

Abschied von der Vorschulzeit

Der Schulbeginn ist eine wichtige Übergangsphase im Leben Ihres Kindes. Im Kindergarten hat es schon gelernt, sich regelmäßig für einige Stunden von seinen Eltern zu lösen und sich in eine Gruppe einzufügen. Dennoch muss es sich nun auf eine neue Umgebung, unbekannte Kinder und Erwachsene und neue Anforderungen einstellen, es muss vieles Vertraute und Liebgewordene hinter sich lassen.

Ein schönes Ritual, das den Wendepunkt von der Vorschul- zur Schulzeit markiert, ist ein Abschiedsfest im Kreis der Kindergartenfreunde. Das heißt nicht, dass Ihr Kind diese Freunde nicht mehr sehen soll. In der Tat ist es aber meist so, dass nur wenige in die gleiche Schule oder Klasse gehen werden wie Ihr Kind – vor allem, wenn Sie in der Stadt leben. Oft bleibt bei all den neuen Aufgaben und Bekanntschaften nicht genug Zeit, die Kontakte aus dem Kindergarten weiter zu pflegen.

TIPP

Gehen Sie in den Ferien vor dem ersten Schultag gemeinsam mit Ihrem Kind den Schulranzen aussuchen, kaufen Sie zusammen die neuen Stifte und die Schulhefte. Das steigert die Vorfreude! Zu Hause kann Ihr Kind in einer feierlichen kleinen Übergabezeremonie seine Kindergartentasche, die sorgsam aufbewahrt wird, gegen die schönen neuen Schulsachen eintauschen.

Das Kindergarten-Abschiedsfest

Ein solches Fest bietet in jedem Fall noch einmal die Gelegenheit, die Kindergartenfreunde zu treffen und die Lieblingsspiele aus dieser Zeit noch einmal gemeinsam zu erleben.

> Zur Vorbereitung auf das Fest, das am besten am Tag vor dem Schulbeginn stattfindet, lassen Sie zusammen mit Ihrem Kind noch einmal die gesamte Kindergartenzeit Revue passieren: Was hat Ihr Kind im Kindergarten am liebsten gespielt, und was hat es besonders gemocht? Dazu können auch bestimmte Mal- oder Basteltechniken gehören, sportliche Spiele oder Lieblingslieder. Mit diesen Erinnerungen können Sie gemeinsam das Fest gestalten und dazu die Kinder einladen, mit denen Ihr Kind am meisten gespielt hat.

> Es ist auch schön, die Kinder einzuladen, die in der Anfangsphase der Kindergartenzeit für Ihr Kind wichtig waren, aber später vielleicht nicht mehr. Denn auch sie sind wesentlich für die Kindergartenzeit Ihres Kindes gewesen.

> Um den neuen Lebensabschnitt deutlich zu machen, können am Ende des Festes die Namen aller Kinder aus Buchstaben-Plätzchen zusammengestellt werden. Jedes Kind darf dann seine Plätzchen essen oder mit nach Hause nehmen.

> Vielleicht möchten die Kinder – mit Hilfe der Eltern – gemeinsam ein Blatt Papier mit ihren Adressen und einem gezeichneten Bild von sich selbst gestalten. Das Blatt kopieren Sie später und schicken es den anderen Eltern zu. Oder Sie machen ein lustiges Gruppenfoto und verschicken Abzüge davon.

Abschied von den Milchzähnen

Ein sichtbares äußeres Merkmal für den Übergang von der Kindergartenzeit zur Grundschulzeit ist das Herausfallen der Milchzähne. Die ersten »Schulzähne«, meist sind das die Schneidezähne, werden sichtbar. Um das zu würdigen, kommt in vielen Familien nachts die Zahnfee und tauscht jeden herausgefallenen Milchzahn, der unter das Kopfkissen gelegt wurde, gegen ein kleines Geschenk aus. Das kann ein schöner Stein, eine kleine Süßigkeit oder Ähnliches sein.

TIPP

Philosophieren Sie doch einmal mit Ihrem Kind darüber, was die Zahnfee eigentlich mit den Milchzähnen macht. Verzaubert sie sie in das kleine Geschenk, das morgens unterm Kopfkissen liegt? Oder sammelt sie sie und baut sich ein glitzerndes Elfenschloss daraus?

Der erste Schultag

Feiern Sie diesen wichtigen Tag am besten mit den bewährten Klassikern, denn sicher will Ihr Kind gerade heute nicht aus der Rolle fallen, sondern dazugehören.

> Eine riesige Schultüte muss sein, bis zum Rand gefüllt mit Süßigkeiten und kleinen Spielsachen wie Autos, Stofftierchen, lustigen Aufklebern und ein paar lieben Erinnerungen aus der Kindergartenzeit.

> Ein hübsches Geschenk zu diesem Anlass sind Namens- und Adressaufkleber, die Sie in einer Druckerei, im Kopierladen und auch im Internet bestellen können. Zum einen sind sie nützlich, weil Ihr Kind damit alle seine Schulsachen beschriften kann, zum anderen fühlt sich Ihr Kind richtig groß und ernst genommen, wenn es seine eigenen Aufkleber hat.

> Besonders geehrt wird sich Ihr neues Schulkind bestimmt fühlen, wenn beide Eltern und vielleicht noch die Großeltern zur Schulfeier dabei sind und es anschließend noch ganz schick zum Essen ausgeführt wird.

Krisen im Kinderalltag erfolgreich meistern

Neben schwierigen Entwicklungsphasen, die ein Kind durchlebt, gibt es auch in seinem Alltag kleinere und größere Krisen. Konflikte, Streit, Krankheiten, Ängste oder Trauer: All das gehört zum Leben eines Kindes. Sie können ihm schwierige Momente und Zeiten nicht gänzlich ersparen – und sollen es auch gar nicht. Eine positiv bewältigte Krise macht ein Kind stärker und selbstbewusster. Helfen Sie Ihrem Kind, schwierige Zeiten durchzustehen, und zeigen Sie ihm mithilfe von Ritualen Ihre Liebe und Fürsorge.

Streiten lernen, Kompromisse finden

Wo Menschen zusammenleben, entstehen nun einmal immer wieder Konflikte – also auch und vor allem in der Familie. Wer das leugnet, lebt mit ziemlicher Sicherheit in einer Scheinharmonie, die übrigens nicht weniger schädlich ist als permanente Konflikte. Vor allem Kinder leiden oft nachhaltig unter einer Atmosphäre, in der alles unter den Teppich gekehrt wird. Und sie können dabei auch nicht lernen, mit Konflikten angemessen umzugehen.

Besser ist es, wenn Sie entstehende Konflikte grundsätzlich austragen und niemand seinen Kummer, seinen Ärger und seine Wut verdrängen muss. Und am allerbesten lernen Ihre Kinder das richtige Streiten mit Ihnen, im geschützten Raum der Familie.

Wenn Sie dabei einige wichtige Regeln beachten, können Auseinandersetzungen reinigende Gewitter sein, auf die wieder ein klarer Himmel folgt. Schließlich machen ja erst Meinungsverschiedenheiten das Miteinanderleben vital und anregend: Jeder bleibt dabei geistig in Bewegung, und die Selbsterkenntnis sowie das Wissen über die anderen werden gefördert.

Fair streiten

Um die positiven Aspekte jeder Auseinandersetzung wirklich optimal zu nutzen, bedarf es einer Streitkultur, die dazu beiträgt, Konflikte in konstruktive Bahnen zu lenken. Eine faire Streitkultur hilft auch, nach einer Explosion zumindest wieder reine Luft zu schaffen, sodass das Familienklima nicht noch Tage später gestört ist. Grundsätzlich sollte niemand beim Streiten seelisch verletzt werden.

Auch in diesem Fall können Sie ein Ritual einführen, das die Streitkultur fördert. Den Rahmen des Streitrituals kann zum Beispiel eine Familienkonferenz bilden (siehe Seite 99). In jedem Fall soll dabei eine Atmosphäre herrschen, in der alle Familienmitglieder ihre Argumente vortragen können, aber auch die Ansichten und Standpunkte der anderen anhören. Selbstverständlich dürfen alle ausreden. Am Ende dieser Zusammenkunft kann – je nach Anlass der Auseinandersetzung – ein Kompromiss stehen, eine Versöhnung oder eine Entschuldigung.

Vorbild sein

Nur wenn Sie es schaffen, auf andere zuzugehen und aus einem affektgeladenen Streit eine konstruktive Auseinandersetzung werden zu lassen, können sich Ihre Kinder daran ein Beispiel nehmen – und fair streiten lernen. Kinder registrieren sehr genau, wie ihre Eltern sich bei einem Streit verhalten. Ob sie vielleicht lieber erst einmal eine Runde ums Haus gehen (ohne vor dem Streit wegzulaufen!) oder auch einfach tief Luft holen, statt zu explodieren und etwas Verletzendes auszusprechen. Und Ihre Kinder werden lernen, Fehler einzugestehen und sich zu entschuldigen, wenn sie das auch bei Ihnen so erleben.

Krankheiten durchstehen

Jedes Kind macht eine ganze Reihe von Infektions- und Kinderkrankheiten durch, spätestens ab dem Eintritt in den Kindergarten. Denn hier sind die Kleinen einer Vielzahl von Krankheitserregern ausgesetzt, die sie immer wieder ins Bett zwingen. Auch wenn das für die Kinder und ihre Eltern unangenehm ist: Es ist notwendig. Denn die kindlichen Abwehrkräfte müssen trainiert und das Immunsystem muss gestärkt werden.

Dabei leiden die Kinder natürlich auch, manchmal sogar sehr. Und die Eltern leiden oft nicht weniger, wenn sie ihre Sprösslinge so krank erleben und scheinbar so wenig helfen können.

Rituale wirken heilend

So wenig ist es aber gar nicht, was Sie für Ihr Kind tun können. Sie können ihm zwar nicht seine Krankheit abnehmen, aber es auf andere Weise unterstützen. Denn mit jeder Krankheit drückt ein Kind immer auch sein Bedürfnis nach besonderer Zuwendung aus – geben Sie Ihrem Kind diese Extra-Portion Liebe, und verwöhnen Sie es mit liebevollen Ritualen.

WICHTIG
Verwöhnen Sie Ihr Kind nicht nur, wenn es krank ist, sondern auch immer wieder einmal zwischendurch – einfach so. Sonst könnte es krank werden, um verwöhnt zu werden!

Verwöhnrituale für kranke oder verletzte Kinder

> Bereiten Sie ein besonderes Essen zu, das Ihr Kind sich wünscht. Vielleicht darf es sogar im Bett essen: ein Kissen im Rücken, ein Tablett auf den Beinen – wie gemütlich!

- Nehmen Sie sich Zeit für Ihr Kind und massieren Sie es sanft, lesen Sie ihm vor und spielen Sie mit ihm.
- Wirksam ist auch das bewährte Wegpusten von Schmerzen oder das Handauflegen – und die Beule wird immer kleiner…
- Erklären Sie ein großes Stofftaschentuch zum Tränentuch. Das ist nur dafür reserviert, um bei Krankheit oder Schmerzen alle Tränen abzutupfen.
- Verletzte Körperteile können Sie mit einem überdimensionalen Verband oder bunten Pflastern verarzten. Das hilft auch, wenn Ihr Kind Bauchweh oder andere Schmerzen hat.
- Auch Musik hilft, den Aufenthalt im Bett erträglicher zu machen. Eine Alternative zu Kindermusik und Hörspielen: Älteren Kindern, die nicht schwer krank sind und einige Stunden allein zu Hause bleiben müssen, weil beide Eltern arbeiten, können Sie am Abend vorher eine Geschichte oder ein Märchen auf Kassette oder in ein Diktiergerät sprechen. Es wird dem Kind gut tun und ihm das Alleinsein erleichtern, wenn es Ihre vertraute Stimme und einen gesprochenen Gruß hört.

TIPP

Vielleicht haben Sie ja schöne Erinnerungen daran, was Ihre Eltern immer gemacht haben, wenn Sie krank waren. Übernehmen Sie diese Rituale doch einfach auch für Ihre Kinder: »Das hat die Oma auch immer gemacht, wenn ich krank war…«

TIPP: Trostlied bei Krankheit

Heile, heile, Segen!
Sieben Tage Regen,
sieben Tage Sonnenschein.
Bald wird's wieder besser sein.

Heile, heile, Kätzchen!
Kätzchen hat vier Tätzchen.
Lege auf ein' saubern Stein
und dann heilt es ganz allein.

Heile, heile, heile!
Dauert noch 'ne Weile,
dauert noch bis Rosmarein,
dann ist lauter Sonnenschein.

So wird Bettruhe erträglicher

Sie müssen nicht die ganze Zeit am Bett Ihres kranken Kindes sitzen. Mit ein paar Anregungen können Sie ihm helfen, sich eine Weile allein zu beschäftigen.

› Kasperltheater kann Ihr Kind auch gut im Bett spielen. Vielleicht denkt es sich ja mit seinen Puppen und ein paar Kissen und Tüchern ein Stück aus und führt es Ihnen vor.

› Suchen Sie Babyfotos aus Ihrer Familie zusammen (von sich selbst, Ihrem Kind, Geschwistern, Tanten, Omas…) und lassen Sie Ihr Kind die Fotos anschauen. Später rätseln Sie gemeinsam, wer jeweils auf dem Foto zu sehen ist.

› Ihr Kind kann im Bett auch basteln oder malen. Geben Sie ihm dafür ein Tablett als feste Unterlage.

› Kinder haben oft viel Freude am Nähen. Knöpfe aufnähen macht den meisten Kindern großen Spaß. Einem kleineren Kind geben Sie dafür eine runde Stopfnadel, mit der es sich nicht stechen kann. Wenn Ihr Kind schon gut mit Nadel und Faden umgehen kann, lassen Sie es doch verschiedene Teile aus Stoffresten zusammennähen: Schneiden Sie beispielsweise zwei Hosen- oder Rockteile aus, die Ihr Kind zu einem Kleidungsstück für die Puppe oder ein Stofftier näht.

› Aus alten Zeitschriften kann Ihr Kind »volle Teller« herstellen: Es schneidet Bilder von Essbarem aus und klebt sie auf Pappteller. Später bekommen die Puppen oder Stofftiere das Essen serviert. Vielleicht wirkt das ja auch appetitanregend!

Arztbesuche ohne Angst

Immer wieder – und lieber einmal zu oft als zu wenig – werden Sie mit Ihrem Kind zum Kinderarzt gehen müssen. Wenn es Angst davor hat, kann das mehrere Gründe haben: Häufig wer-

> **TIPP**
> Arzt spielen eignet sich auch gut zum Verarbeiten eines Arztbesuches, Ihr Kind kann es dann mit einer Puppe oder einem Stofftier spielen.

den Ängste von Eltern übertragen, am stärksten die vor dem Zahnarzt. Auch wenn Eltern übergroßen Respekt vor den Halbgöttern in Weiß haben, spüren das Kinder und sind verunsichert. In der Fremdelphase ist die Angst vorm »Onkel Doktor« oft besonders stark, da dieser Ihrem Kind körperlich sehr nahe kommt. Die vielen Instrumente im Behandlungszimmer tun ein Übriges. Um Ihrem Kind die Angst zu nehmen, können Sie mit ihm zu Hause üben: Schenken Sie ihm einen Arztkoffer, und verarzten Sie sich gegenseitig – am besten im weißen Kittel. Vielen Kindern hilft es auch, wenn das liebste Spielzeug mit zum Arzt genommen werden darf.

Ängste besiegen

Angst und Furcht gehören, wie Krankheiten, selbstverständlich auch für Kinder zum Leben dazu. Eine natürliche Angst ist überlebensnotwendig: Sie schützt den Menschen davor, sich auf tödliche Gefahren einzulassen. Allerdings gibt es auch extrem starke Ängste, die das Leben einengen und es schließlich sogar bestimmen können (siehe Kasten Seite 86). In diesen Fällen ist fachliche Hilfe nötig, am besten durch Psychologen.
Hat Ihr Kind dagegen Ängste, die sich in einem normalen Rahmen bewegen, die also vorübergehend sind und keine körperlichen Symptome verursachen, können Sie ihm selbst dabei helfen.

ANGSTSYMPTOME BEI KINDERN

Folgende Anzeichen sind Angstsymptome, die von einem erfahrenen Kinderpsychologen behandelt werden müssen:
> Wiederholte Panikattacken, in denen Ihr Kind die Fassung verliert.
> Häufiges nächtliches Aufwachen aus Angst.
> Einnässen über einen längeren Zeitraum.
> Häufiges Zuhalten der Augen oder Ohren, um etwas nicht sehen/hören zu müssen.
> Unaufhörliches Anklammern an ein Kuscheltier.
> Magen-Darm-Probleme ohne medizinisch erkennbare Ursachen.
> Nägelkauen.
> Stottern.
> Essensverweigerung.
> Übergroße Ängstlichkeit im Kontakt mit anderen Kindern (und Erwachsenen).

Mit Ängsten umgehen

Am häufigsten fürchten sich Kinder vor der Dunkelheit, vor Fremden, vor bestimmten Tieren oder vor dem Alleinsein. Meist können sie sich selbst helfen, indem sie am Daumen lutschen oder ein Kuscheltier umarmen. Ist die Angst aber stärker, sollten Sie das Gefühl Ihres Kindes unbedingt ernst nehmen, auch wenn es in Ihren Augen keinen Grund für die Angst gibt. Angst ist keine rationale, sondern eine emotionale Reaktion. Sie lässt sich also nicht wegreden oder mit einem »Reiß dich zusammen!« verdrängen, sondern nur durch Beistand, Verständnis und Anteilnahme lindern und durch konkrete Erfahrungen überwinden.

Sie sollten die Situationen, vor denen Ihr Kind Angst hat, keinesfalls meiden, sondern mit ihm gemeinsam üben. Hat Ihr Kind beispielsweise Angst vor Hunden, so sprechen Sie mit ihm darüber und helfen ihm, langsam und schrittweise seine Angst zu überwinden. Nehmen Sie es an der Hand oder auf den Arm und nähern Sie sich behutsam einem lieben Hund aus der Nachbarschaft. Das klappt vermutlich nicht beim ersten Mal, aber nach einiger Zeit werden Sie Erfolg haben – vorausgesetzt, Sie haben nicht selbst Angst vor Hunden. Dann sollte jemand anderes mit Ihrem Kind üben, da Ihre eigene Angst sich auf Ihr Kind überträgt.

Trostrituale

In einer Situation, in der es Angst hat, braucht Ihr Kind Trost und Geborgenheit. So kann es sich wieder sicher und beschützt fühlen.
> Nehmen Sie Ihr Kind auf den Schoß, umarmen Sie es und kuscheln Sie mit ihm.
> Es kann auch helfen, wenn Sie Ihrem Kind erzählen, wovor Sie als Kind Angst hatten. Das gibt ihm das Gefühl, verstanden zu werden. Es zeigt ihm außerdem, dass Angst etwas ganz Normales, aber auch Vorübergehendes ist.
> Hat Ihr Kind im Bett Angst vor der Dunkelheit, können Sie die Tür einen Spalt offen lassen und ein sanftes Licht im Hintergrund brennen lassen.

Ängste bannen

Kinder haben eine so starke Fantasie, dass sie sich die schauerlichsten Geschichten ausdenken können – aber auch an wundersame Kräfte glauben, die sie beschützen. Nutzen Sie diese Gabe, und beschwören Sie Schutzengel oder andere magische Kräfte.
> Hat Ihr Kind nachts Angst vor dunklen Gestalten, legen Sie ihm doch einen beschützenden Zauberstein an sein Bett. Oder der große Teddy hält Wache neben dem Bett oder vor der Tür.
> Ein Talisman beschützt Ihr Kind überall. Das kann ein Glitzerstein sein oder ein Holztiger. Wichtig ist, dass der Beschützer an einer Kette um den Hals hängt oder in die Hosentasche passt. Überreichen Sie den Talisman mit den entsprechenden Worten: »Immer wenn du Mut brauchst, kannst du diesen Stein in die Hand nehmen, dann hilft er dir.« Das funktioniert bei Klassenarbeiten genauso wie beim Marmeladeholen im Keller.
> Manche Kinder suchen sich einen unsichtbaren großen Freund oder Bruder, der sie unterwegs an die Hand nimmt und beschützt. Lassen Sie Ihrem Kind diesen virtuellen Begleiter, und nehmen Sie sein Bedürfnis nach Sicherheit ernst!
> Pfeifen oder summen Sie, wenn Sie allein im Keller oder Wald sind? Erzählen Sie Ihrem Kind davon, vielleicht gefallen ihm Ihre Ideen. Außerdem ist es beruhigend zu wissen, dass auch die Großen manchmal Angst haben.

WICHTIG
Ein ständiges »Pass auf!« oder »Nimm dich in Acht!« wird ein Kind nicht mutig machen. Ebenso bringen zu viele Vorschriften, Drohungen und Verbote ängstliche Menschen hervor.

Ein Geschwisterchen kommt

Die Geburt eines Geschwisterkindes ist für ein Kind eine frohe Botschaft – aber nicht nur. In die Freude über den zukünftigen Spielkameraden mischen sich meist schnell andere Gefühle. Manche Kinder äußern auch ganz unverhohlen ihr Missfallen oder lehnen es strikt ab, ihren Thron mit jemandem zu teilen. So ernst Sie Ihr Kind auch in seinen Gefühlen nehmen sollten, Sie brauchen nicht zu verzweifeln, wenn es wüste Beschimpfungen oder gar Morddrohungen ausstößt oder ankündigt, zur Oma zu ziehen. Das legt sich in der Regel, wenn das Baby erst einmal da ist.

Allerdings legt sich große Vorfreude meist genauso schnell. Denn in der Tat erlebt Ihr Kind jetzt eine Entthronung: Es genießt plötzlich nicht mehr die ungeteilte Aufmerksamkeit seiner Eltern. Es ist verständlich, dass dies eine Reihe von Gefühlen auslöst, die jede Geschwisterbeziehung mehr oder weniger stark prägen: Neid, Eifersucht und Rivalität gehören genauso dazu wie Liebe und Fürsorge für das neue Geschwisterchen. Mit diesem Ansturm der Gefühle muss ein Kind erst einmal fertig werden. Es braucht deshalb gerade in dieser Zeit besonders viel Zuwendung – wie das Baby auch. Wenn Ihr älteres Kind diese Aufmerksamkeit nicht bekommt, reagiert es vielleicht sogar mit Einnässen (um auch wieder ein Baby zu sein) oder mit dem Wunsch, ebenfalls wieder gefüttert zu werden.

Häufig fällt dem Vater dann die Aufgabe zu, sich verstärkt um das größere Kind zu kümmern – das ist eine gute Chance für beide, viel Zeit miteinander zu verbringen.

In jedem Fall braucht Ihr »Großes« Unterstützung, um mit den neuen Gefühlen umgehen zu lernen. Denn mit einer Schwester oder einem Bruder bekommt ein Kind zugleich die schwierigen Aufgaben, sich selbst zu behaupten und durchzusetzen, aber auch zu teilen und Konflikte zu lösen.

EIFERSUCHT – MANCHMAL AUCH EINE ALTERSFRAGE

Wenn Sie den Altersabstand zwischen ihren Kindern planen möchten: Viele Psychologen halten einen Abstand von rund vier Jahren zwischen den Geschwistern für besonders günstig, was die Eifersucht betrifft. Dann konkurriert das größere Kind nämlich in der Regel weniger um die Aufmerksamkeit der Eltern, als wenn es jünger wäre: Es hat meist schon wichtige Kontakte im Kindergarten geknüpft, und außerdem ist seine Trotzphase bereits vorbei. Aber den »idealen« Altersabstand gibt es natürlich nicht. Denn über die Beziehung zwischen den Geschwistern in späteren Jahren sagt er nichts aus.

Das Kleine wird das Große

Die neue Rolle des großen Bruders oder der großen Schwester muss erst gelernt werden. Das fällt bestimmt leichter, wenn das große Kind immer wieder besonders beachtet und gelobt wird. Betonen Sie deshalb, dass Sie stolz darauf sind, was Ihr älteres Kind schon alles kann. Und auch schon vor der Geburt des Jüngeren können Sie einiges tun: Lassen Sie Ihr Kind die Bewegungen des Geschwisterchens in Ihrem Bauch fühlen. Erklären Sie ihm, wie weit entwickelt das Baby jetzt ist. Erzählen Sie Ihrem Älteren von der Zeit, als Sie mit ihm schwanger waren. Beteiligen Sie es auch an den praktischen Vorbereitungen: Wo stellen wir die Wickelkommode hin? Wie teilen wir es unseren Nachbarn und Freunden mit, wenn das neue Familienmitglied auf der Welt ist? Ist das Baby dann da, lassen Sie Ihr älteres Kind bei der Versorgung helfen, wenn es das möchte: Wickeln, Füttern und Zubettbringen sind verantwortungsvolle Tätigkeiten, an denen es sich bestimmt schon beteiligen kann. Und seine Puppe kann es sicher schon fast so gut versorgen wie Sie das Geschwisterchen.

Fördern Sie den Kontakt zwischen den Geschwistern: Zeigen sie Ihrem Kind, dass es das Baby streicheln kann, ihm in die Augen sehen, ihm etwas vorsingen... Bald erntet Ihr Kind dafür ein hinreißendes Lächeln des Babys!

> **GU-ERFOLGSTIPP**
>
> Lassen Sie Ihr älteres Kind manchmal wieder Ihr kleines Baby sein: Füttern Sie es wie das jüngere, und lassen Sie es aus der Flasche trinken. Ihr Kind wird das ausgiebig genießen, aber irgendwann wird es auch gern wieder in seine Rolle als älteres Geschwisterkind zurückschlüpfen.

Trauer ausleben

Besonders schwere Krisen durchleben Kinder, wenn ein ihnen nahe stehender Mensch stirbt. Die Konfrontation mit dem Tod ist gerade in unserer Gesellschaft besonders schwierig, da der Tod noch immer ein Tabuthema ist und es für die meisten Erwachsenen nicht leicht ist, sich damit auseinanderzusetzen.

Natürlich ist der Verlust eines geliebten Menschen ein schwerer Schicksalsschlag, der Menschen aus der Bahn werfen kann. Daran lässt sich nur wenig ändern.

Mit dem Thema Tod umgehen

Allerdings sollte das Thema Tod nicht tabuisiert und verdrängt werden. Das Sterben im wahrsten Sinne des Wortes totzuschweigen ist das eigentliche Problem, vor allem für Kinder. Denn Trauer muss gefühlt und ausgedrückt werden dürfen – und das braucht Zeit. Je offener Sie darüber reden und gegebenenfalls Ihrem Kind auch Ihre eigene Trauer zeigen, desto eher wird auch Ihr Kind sich öffnen können und seine Gefühle nicht in sich verschließen. Denn das Verdrängen tiefer seelischer Schmerzen kann schlimme Folgen haben: Ein Kind kann sich sogar verantwortlich für den Tod eines Menschen fühlen!

Um es erst gar nicht so weit kommen zu lassen, ist es am besten, wenn Sie das Thema Tod möglichst normal behandeln und Ihrem Kind das Sterben als etwas Natürliches vermitteln. Das setzt allerdings voraus, dass Sie selbst eine entsprechende Einstellung zum Tod haben, denn nur dann haben Ihre tröstenden Worte die richtige Wirkung.

Mit Ritualen den Trauerprozess begleiten
Trauer ist ein tiefes Gefühl. Tränen sind ein ganz natürlicher Ausdruck dafür und dürfen reichlich fließen – auch bei Erwachsenen. Was Sie sonst noch tun können:

> Geben Sie Ihrem Kind Gelegenheit, sich zu verabschieden, etwa bei der Beerdigung – wenn Sie Ihr Kind für reif genug halten.
> Wenn Ihr Kind (noch) nicht über seine Trauer sprechen kann, erzählen Sie ihm, was Sie fühlen oder in einer ähnlichen Situation gefühlt haben.
> Ein Bild zu malen oder mit Handpuppen zu spielen – allein oder gemeinsam mit Mama oder Papa – kann Ihrem Kind helfen, seine Trauer auszudrücken.
> Behalten Sie die gewohnten Regeln und Rituale des Alltags bei, denn Ihr Kind braucht sie gerade jetzt als wichtige Stützen, damit es erfährt, dass das Leben trotz eines schweren Verlustes weitergeht, und damit es den nötigen Halt findet.
> Zeigen Sie Ihrem Kind, dass der Tod nicht gleichbedeutend mit Vergessen ist: Erinnern Sie sich gemeinsam, sehen Sie Fotos an, gehen Sie auf den Friedhof.
> Vergessen Sie nicht: Abschiednehmen braucht Zeit! Wenn Ihr Kind aber auch nach Monaten noch nicht über das Ereignis sprechen kann, sich verschließt, in sich zurückzieht und sein Leben spürbar beeinträchtigt wird, sollten Sie professionelle Hilfe in Anspruch nehmen, damit Ihr Kind einen Weg aus seiner Trauer findet.

KLEINES TIER – GROSSE TRAUER
Nicht nur der Tod eines nahe stehenden Menschen kann von Kindern als dramatisch erlebt werden: Auch Tiere sind Freunde und wichtige »Bezugspersonen«, und der Abschied von ihnen tut weh. Wenn ein kleines Haustier Ihres Kindes gestorben ist, beerdigen Sie es gemeinsam im Garten oder in einem nahe gelegenen Wald. Ihr Kind kann nach seinen Vorstellungen ein kleines Kreuz basteln, einen Stein und ein paar Blumen auf die Stelle legen oder eine Blume einpflanzen.

FÜR BESONDERE ZEITEN

Gemeinsam erlebte freie Zeiten, ganz besondere Tage, Feste und Rituale im Jahreslauf machen allen Spaß und stärken die Familienbande.

Das Familienleben ritualisieren 94
Mit Ritualen durch das Jahr.................... 104

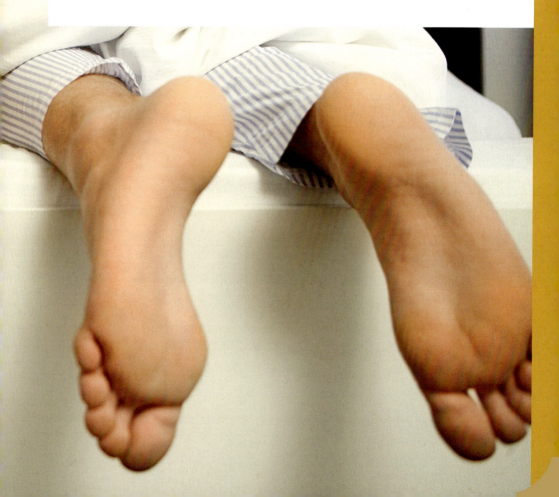

Das Familienleben ritualisieren

Der Alltag spielt sich für kleinere Kinder zum großen Teil in der Familie ab. Die muss nicht aus der klassischen Besetzung Vater, Mutter und Kinder bestehen: Oft lebt ein Kind mit einem Elternteil zusammen – dann sind die beiden eben die Familie. Eine Familie ist im Alltag ohnehin nur selten vollzählig, da meist ein Elternteil oder beide arbeiten und die Kinder unterschiedliche Kindergarten- und Schulzeiten sowie Nachmittagstermine haben. Deshalb finden besondere Rituale meist am Wochenende statt.

Immer wieder sonntags ...

Das Wochenende ist für die Woche das, was der Urlaub fürs Jahr ist: die Zeit der Erholung und das Gegenstück zum Alltag. Deshalb ist es wichtig, das Wochenende wirklich ganz anders zu verbringen und zu gestalten, damit auch die Bedürfnisse, die während der Woche zu kurz kommen, befriedigt werden. Am besten suchen Sie sich ein kleines Übergangsritual für das Wochenende, das Ihnen hilft, abzuschalten und schneller Erholung zu finden – das gilt für Groß und Klein. Eine solche Einstimmung wäre etwa ein entspannendes Bad oder das Ablegen der Alltagskleidung. Es macht durchaus Sinn, dass Menschen, die sich unter der Woche für die Arbeit immer besonders schick anziehen müssen, am Wochenende am liebsten im Jogginganzug herumlaufen – und im umgekehrten Fall die schöne Sonntagskleidung wichtig ist.

Ein besonderer Tag

Der Sonntag (oder ein anderer Tag, an dem alle Familienmitglieder frei haben) sollte nicht dazu genutzt werden, um das unter der Woche Versäumte nachzuholen. Natürlich ist es immer noch besser, etwa die Familienkonferenz (siehe Seite 99) am Sonntag abzuhalten als gar nicht. Die Gefahr ist dann aber groß, dass sich zu viel angesammelt hat und für anderes kaum noch Zeit bleibt. Vor allem die Kinder freuen sich auf den Sonntag, weil die Familie endlich mal den ganzen Tag komplett ist und gemeinsam etwas unternehmen kann. Leben die Eltern getrennt, gehört der Sonntag meist dem Elternteil, der im Alltag fehlt. Auch dann ist der Sonntag für Ihr Kind etwas ganz Besonderes, ein echter Festtag. Achten Sie deshalb darauf, den Familientag fest zu reservieren und mit speziellen Ritualen zu feiern.

Sonntagsrituale, die Kinder lieben

Es ist Sonntag: bloß kein Stress! Heute ist der Tag, an dem alle mal die Seele baumeln lassen können.
> Die Kinder dürfen in der Früh ins Elternbett. Dort wird geschmust, gekitzelt, getobt, und alles endet vielleicht mit einer fröhlichen Kissenschlacht.

TIPP
Sie können am Freitagabend ein Ritual einführen, das den Schnitt zwischen Alltag und Wochenende markiert. Vielleicht gibt es dann immer Pizza – und alle wissen: Jetzt beginnt das Wochenende!

ELTERNRITUALE FÜR DAS WOCHENENDE

Eltern haben wenig Zeit – vor allem füreinander. Partnerschaften geraten darüber nur allzu oft in eine Krise. Lassen Sie es nicht so weit kommen: Schaffen Sie sich durch Rituale feste Zeiten für Ihre Partnerschaft. Nehmen Sie etwa am Samstagabend einen Babysitter, oder machen Sie den Samstagnachmittag zum Großeltern-Tag für die Kinder. Oder die Kinder dürfen sich mit Freunden verabreden. Bleiben Sie am Sonntagmorgen länger im Bett, und bestehen Sie auf der Zeit zu zweit. Auch für die Kinder ist es schließlich wichtig, dass ihre Eltern in einer stabilen Partnerschaft leben. Außerdem zeigen Sie ihnen so, wie eine Partnerschaft gepflegt wird.

> Auf dem Esstisch steht schon ein Schälchen mit dem Sonntagsgruß für den ersten Hunger, vielleicht ein paar Nüsse und Rosinen, daneben das wöchentliche Taschengeld.
> Zum Frühstück wird der Tisch besonders hübsch gedeckt. Es gibt etwas zu essen, das es im Alltag nicht gibt, vielleicht ein Frühstücksei oder Brötchen mit süßem Aufstrich.
> Frühstücken im Schlafanzug ist in vielen Familien beliebt.
> Das Frühstück kann sehr ausgiebig und gemütlich sein – vielleicht gehört ein Sonntagsbrunch zur Familienkultur. Dabei lässt sich der bevorstehende Tag besonders gut planen.
> Anschließend dürfen die Kinder etwas Besonderes tun, etwa am Computer spielen oder die »Sendung mit der Maus« sehen.
> Nach einem besonderen Mittagessen mit leckerem Nachtisch folgt der Familienausflug, der auch Kindern viel Spaß macht, wenn eine richtige Entdeckungstour daraus wird.
> Und am Abend könnte noch ein gemeinsames Spiel auf dem Programm stehen.

Der Sonntag ist für alle da!

Alle Familienmitglieder sollen am Wochenende zu ihrem Recht kommen – sich erholen, ausschlafen und etwas für sich tun. Und: Auch Sonntagsrituale sollen den Tag nicht vollständig ausfüllen, sondern nur einen Rahmen vorgeben, Höhepunkte setzen und helfen, Freiräume und gemeinsame Zeiten zu sichern.

> Führen Sie möglichst früh ein, dass Sie sonntags länger schlafen dürfen, bevor die große Kissenschlacht im Elternbett beginnt. Wenn Sie sich immer verlässlich an die anderen Programmpunkte des Tages halten, lassen Ihre Kinder Sie bestimmt dafür auch ausschlafen.
> Wenn Sie täglich mittags kochen müssen, können das am Sonntag vielleicht einmal andere übernehmen, oder Sie gehen alle zusammen essen.
> Auch den Kindern muss am Sonntag kein Zwangsspaziergang oder Ähnliches zugemutet werden.
> Damit alle auf ihre Kosten kommen, darf jeder einmal den Hauptprogrammpunkt des Sonntags bestimmen oder – bei kleineren Kindern – unter attraktiven Angeboten auswählen.

GU-ERFOLGSTIPP

Jeder braucht Schokoladentage! Nicht nur am Sonntag sollte jeder in der Familie gewisse Freiräume haben – Zeit für das, was er mag. Legen Sie doch einfach besondere Tage oder Zeiten fest, zu denen sich reihum jedes Familienmitglied wünschen darf, was es mit oder ohne die anderen machen möchte.
Einige Beispiele: Mittwochnachmittag ist der Schokoladentag des Sohnes. Er wünscht sich, mit der Mutter und der Schwester mit seiner elektrischen Eisenbahn zu spielen. Dagegen wünscht sich die Mutter vielleicht an ihrem Schokoladentag, dem Donnerstagnachmittag, in Ruhe in ihrem spannenden Krimi weiterzulesen. So kommt, auch in einer größeren Familie, jeder wenigstens einmal in der Woche voll auf seine Kosten – und alle respektieren den Schokoladentag der anderen, weil sie ja selbst ihren haben.

TIPP: Einen »Extra-Sonntag« finden

Wenn Sie mit Ihrem Kind im Alltag allein leben und es das Wochenende mit dem anderen Elternteil verbringt, sollten Sie während der Woche einen Höhepunkt einrichten, damit Sie nicht nur die Alltagsroutine gemeinsam erleben. Vielleicht reservieren Sie dafür den Mittwochnachmittag, um gemeinsam etwas Schönes zu unternehmen, etwa zum Schwimmen gehen, in den Zoo oder zum Schlittschuhlaufen. Diese Stunden sollten Sie dann aber auch unbedingt gegen andere Termine und Pflichten verteidigen!

Mit einem Elternteil

Wochenendrituale sehen für Kinder, deren Eltern getrennt leben, natürlich ganz anders aus. Häufig sind sie dann bei dem Elternteil, der unter der Woche nicht da ist. Auch dabei sind feste Rituale wichtig, um zu verhindern, dass beim Abschied das Gefühl entsteht, eigentlich kaum etwas voneinander gehabt zu haben.

Wochenende zu zweit

Wenn Sie Ihr Kind nur am Wochenende sehen, können Sie den Samstag wie einen Wochentag gestalten: Ihr Kind macht bei Ihnen seine Hausaufgaben, Sie arbeiten gemeinsam im Haushalt und kaufen zusammen ein. So erleben Sie ein Stück Alltag mit Ihrem Kind und haben nicht nur eine Wochenend-Beziehung zu ihm.

Papa ganz für mich allein

Meist sehen Kinder einen Elternteil, in der Regel den Vater, während der Woche kaum. Deshalb möchten sie ihn am Wochenende einmal ganz für sich haben, etwas mit ihm allein unternehmen – das gilt vor allem, wenn Geschwister da sind. Für solche Termine eignet sich der Samstag besonders gut: Gehen Sie mit einem Kind ins Kino, zum Einkaufen oder Schlittschuhlaufen – und am nächsten Samstag ist das andere Kind dran.

Eigene Familientraditionen finden

Damit die Familie auch in unruhigeren Zeiten zusammenlebt und nicht nur nebeneinander her, sind gemeinsame Zeiten wichtig. Denn auch das Miteinanderreden ist ein Ritual, und zwar das wohl wichtigste überhaupt in jeder zwischenmenschlichen Beziehung und Gemeinschaft.

Bei uns war das immer so…

Überlegen Sie einmal, was Ihre Familie eigentlich ausmacht, welche Identität Sie als Familie haben. Dazu gehören alltägliche Gewohnheiten genauso wie das Feiern von Festen, aber auch eigene Symbole wie die typische Familienbegrüßung. Jede Familie pflegt unterschiedliche Traditionen und Rituale, gestaltet das Wochenende, den Alltag oder auch den Urlaub etwas anders. Pflegen Sie diese Besonderheiten, damit auch Ihre Kinder einmal sagen können: »In unserer Familie haben wir immer …«

Die Familie tagt

Rituale helfen, in der knappen gemeinsamen Zeit regelmäßige und verbindliche Familientreffen einzuplanen. Das kann das gemeinsame Abendessen oder Frühstück oder auch eine Teestunde am Nachmittag sein, wo die ganze Familie um den Tisch sitzt und alles Wichtige in einem angenehmen, vertrauten Rahmen besprechen kann. Ohne ein solches festes Treffen besteht die Gefahr, dass sich die Familie auseinanderlebt und niemand mehr auf dem Laufenden ist, was die anderen Familienmitglieder betrifft. Deshalb sollte neben den anstehenden Problemen innerhalb der Familie auch das Alltägliche, scheinbar Banale angesprochen werden. Dabei bekommen alle Gelegenheit, von sich zu erzählen, was sie gemacht und erlebt haben, Positives wie Negatives.

Eine Familienkonferenz darf aber nicht zum Familiengericht werden, wo jemand ausgefragt und verurteilt wird. Das Treffen sollte zwanglos, aber in einem rituellen, also verbindlichen, angenehmen und besonderen Rahmen stattfinden – wie gesagt, am besten täglich. Nur wenn es wirklich nicht anders geht, kann der Familienrat auch einmal wöchentlich am Wochenende tagen.

UNSERE FAMILIE TRIFFT SICH, DAMIT …
> alle wissen, wie es den anderen geht,
> wir miteinander reden,
> wir einander zuhören,
> alle ein Forum für ihre Anliegen haben,
> Probleme auf den Tisch kommen,
> auch über Positives geredet werden kann,
> alle erzählen können, wie sie sich fühlen,
> Konflikte gemeinsam gelöst werden.

HAST DU TÖNE?
Durch aktives Musizieren wird laut wissenschaftlichen Studien nicht nur die Intelligenz gefördert, sondern auch Kreativität und Kommunikationsfähigkeit – auch unter den Familienmitgliedern.

Hausmusik verbindet

Vielleicht greifen Sie ja die Tradition der Hausmusik auf und spielen regelmäßig im Familienkreis auf unterschiedlichen Instrumenten. Wenn Sie selbst ein Instrument spielen, wird es Ihnen leicht fallen, Ihr Kind an Musik heranzuführen. Selbst gebastelte Instrumente wie Trommeln, Rasseln, Flöten … reichen am Anfang völlig aus. Wenn Sie sich für unmusikalisch halten oder bisher keinen Zugang zum Musikmachen gefunden haben, haben Sie nun eine gute Gelegenheit dazu. Ihrem Kind ist es nämlich völlig egal, ob Sie die richtigen Töne singen oder ein Instrument perfekt beherrschen – es liebt einfach Musik und Rhythmen!

Die meisten Kinder haben Spaß beim Musizieren. Neben selbst gemachten Instrumenten, etwa einer Rassel (Tischtennisball in einen Schneebesen stecken) oder einer Trommel (Waschmitteldose mit Pergamentpapier bespannen) eignen sich für die ersten Experimentierversuche besonders gut eine Mundharmonika, Klangstäbe aus Holz oder ein Xylophon – und natürlich alle Instrumente, die Sie ohnehin besitzen.

Ausflüge für die ganze Familie

Ihr Kind will die Welt entdecken. Wenn Sie das bei Ihren Planungen berücksichtigen, wird der gemeinsame (Sonntags-)Ausflug für alle ein Erfolg. Selbst beim so ungeliebten Spazierengehen kommt keine Langeweile auf, wenn Sie es richtig anstellen und ein paar Dinge bedenken – etwa dass kleine Kinder viel mehr Schritte machen müssen, als Erwachsene für die gleiche Strecke brauchen. Ein kleines Kind soll also nicht mit uns, sondern wir sollten mit ihm gehen. Wir müssen Rücksicht auf sein Tempo nehmen, sollen nicht an ihm zerren und ihm Zeit zum Entdecken und Forschen am Wegrand geben.

Ein kleines Kind braucht auch Pausen, will sich ausruhen – etwa bei einer kleinen Brotzeit auf einer schönen Wiese. Nehmen Sie für die Kleinen auch möglichst immer einen Buggy oder eine Rückentrage mit zu Ausflügen. Dann macht es nichts, wenn Ihr Kind müde ist nach der Bewegung und zufrieden um sich schauen oder schlafen möchte.

Spaziergänge ohne Langeweile

Interessant werden Spaziergänge durch allerlei Möglichkeiten zu besonderen Entdeckungen und durch viel Abwechslung.

> Verändern Sie doch immer mal die Gangart: »Watscheln« Sie zusammen, springen Sie über Kästchen, legen Sie einen Zwischenspurt ein, hüpfen Sie auf einem Bein – Ihr Kind wird bestimmt begeistert mitmachen.
> Spannende Geschichten und interessante Unterhaltungen, auch gemeinsames Singen beleben den Spaziergang.
> Suchen Sie auf dem Weg nach kleinen Schätzen wie Blumen, schönen Steinchen oder Blättern, die Sie mit nach Hause nehmen können.
> Mit kleinen Spielen nebenbei halten Sie Ihr Kind bei Laune. Beim Nachmach-Spiel macht einer von Ihnen etwas vor, der andere macht es nach – möglichst immer abwechselnd: über zwei Pflastersteine springen, auf einem Mäuerchen balancieren, mit beiden Beinen hüpfen etc.
> Weisen Sie Ihr Kind auf nahe gelegene Ziele hin: Hinter der Kurve kommt eine Bäckerei. Siehst du da vorn die Ampel? Was glaubst du, wird sie anzeigen, wenn wir dort sind?
> Suchen sie auch gemeinsam nach markanten Objekten: Lass uns ein Haus ohne Dach (mit Flachdach) suchen. Siehst du ein grünes Auto? Ich sehe ein offenes Fenster mit einer Katze – du auch?
> Zählen Sie die Schritte, die Sie bis zu einem bestimmten Punkt brauchen. Oder stoppen Sie die Zeit.
> Machen Sie Ihr Kind auch auf bestimmte Geräusche aufmerksam. Gerade in der Stadt fällt vieles gar nicht richtig auf, weil ein hoher Geräuschpegel besteht. Es ist eine gute Schulung für unser Gehör, wenn wir uns auf einzelne Geräusche konzentrieren: das Singen eines Vogels, das Schreien eines Kindes, der Lastwagen in einer Straße oder die Musik aus einem offenen Fenster.

TIPP

Das macht einen Spaziergang besonders interessant:
> Bestimmungsbuch
> Wanderkarte oder Stadtplan
> Kompass
> Lupe
> Fernglas
> Stoppuhr
> Leere Plasikdosen mit Deckel und Tüten (für gesammelte Schätze)

Auf in den Wald!

Sie können aus Waldausflügen echte Erlebnisse werden lassen, voller körperlicher Bewegung, sinnlicher Eindrücke und vielfältiger Erfahrungen.

> - Achten Sie gemeinsam auf Geräusche, auf den Gesang von Vögeln, das Bellen von Hunden, das Rauschen der Blätter und das Plätschern eines Baches. Produzieren Sie auch selbst Geräusche: ein Echo, raschelndes Laub, knickende Zweige, Nachmachen von Vogelstimmen.
> - Suchen Sie nach Tierspuren, nach Waldfrüchten und besonderen Pflanzen. Ein Bestimmungsbuch weckt Neugierde. Unterschiedliche Blätter und Baumarten lassen sich an Ort und Stelle untersuchen und vergleichen.
> - Vergessen Sie auf keinen Fall eine Lupe. Damit lässt sich alles noch viel besser untersuchen: Blumen, Insekten, Baumrinde, Blätter, Jahresringe von geschlagenen Bäumen, Tierspuren, Steine – alles wird genau »unter die Lupe genommen«. Was Sie außerdem beim (Wald-)Spaziergang gut gebrauchen können, steht auf Seite 101.
> - Suchen Sie im Wald nach besonderen Zielen: ein Aussichtspunkt, ein Kletterbaum oder eine Brücke. An diesen Orten machen Sie Pause. Ihr Kind kann klettern, auf die Brücke steigen und hinuntersehen oder etwas ins Wasser werfen.
> - Vielleicht können Sie sogar das eine oder andere Waldtier beobachten. In jedem Fall sollten Sie ein Fernglas dabei haben, damit Ihr Kind alles gut sehen kann.

GUMMISTIEFEL UND REGENZEUG

Sie kennen bestimmt den Spruch »Es gibt kein schlechtes Wetter, nur falsche Kleidung«. Lassen Sie sich Ihre Ausflüge nicht verregnen: Ziehen Sie sich und Ihre Kinder entsprechend an und marschieren Sie los. Es macht einfach Freude, in Pfützen zu springen, auf feuchtem Waldboden zu laufen, unter großen Bäumen Schutz vor dem Regen zu suchen, im Matsch zu stiefeln und im Laub zu rutschen. In großen Pfützen oder in Bächen kann Ihr Kind auch (selbst gebastelte) Boote schwimmen lassen. Auf die Schnelle tun es auch Rindenstücke. Versagen Sie sich und Ihren Kindern dieses Vergnügen nicht – nur wegen des bisschen Drecks und der nassen Füße! So kommt auch kein Frust auf, weil man zu Hause »aufeinanderhockt«.

Zu Hause die Welt bereisen

Der jährliche Familienurlaub ist wohl eines der traditionsreichsten Familienrituale. Die Vorfreude darauf können Sie verstärken, indem Sie mit Ihrem Kind vorab kleine Reisespiele machen:

> Gehen Sie doch schon einmal gemeinsam in der Fantasie auf Reisen! Dafür eignet sich ein verregneter Tag ganz besonders gut. Nehmen Sie den Globus und fahren Sie mit dem Finger gemeinsam Reiserouten ab – vielleicht die Route der nächsten oder der letzten Urlaubsreise.
> Machen Sie zusammen eine Finger-Weltreise. Starten Sie von Ihrem Wohnort, und fahren Sie einmal um die Erde. Wie lange würden Sie dafür wohl brauchen? Welche Verkehrsmittel benutzen Sie? Wie viele Meere überqueren Sie?
> Drehen Sie den Globus, Ihr Kind schließt die Augen und hält ihn an einer Stelle mit dem Finger an. In welches Land ist es gereist? Auf welchem Kontinent ist es angekommen? Welche Sprache wird dort gesprochen? Welche Tiere leben dort? In Kinderatlanten können Sie das alles gemeinsam nachschlagen und schöne Bildern aus vielen Ländern betrachten.
> Um die Route der nächsten Urlaubsreise genauer zu erkunden, eignet sich der Autoatlas oder eine Landkarte. Auf der können Sie dann auch die Straßen und Sträßchen zum Urlaubsort gemeinsam mit dem Finger abfahren.

Mit Ritualen durch das Jahr

Geburtstag, Ostern, Weihnachten, Fasching… Zum Feiern kann es gar nicht genug Gelegenheiten geben. Feste werden durch Rituale zu unvergesslichen Ereignissen – ob im kleinen oder großen Kreis. Sie sind willkommene Anlässe, die Familie zu versammeln oder im Freundeskreis zusammenzukommen. Auf festliche Highlights freuen Kinder sich schon Wochen im Voraus. Dabei ist gerade der immer wiederkehrende Ablauf der Jahreszeiten wichtig für das Gefühl der Sicherheit und Kontinuität.

Kinder finden Feste gerade dann besonders schön, wenn diese immer weitgehend gleich ablaufen, also mit immer wieder gleichen Ritualen begangen werden. Denn die Kleinen lieben die vertrauten Traditionen und werden genau darauf achten, ob der Geburtstagsmorgen nach dem gleichen Ritual abläuft wie im vergangenen Jahr und ob das Christkind genau mit dem gleichen Drumherum die Geschenke bringt wie beim letzten Mal. Und auch für Erwachsene gilt: Erst durch Rituale werden Feiern zu unvergesslichen Festen, an die man sich oft ein Leben lang erinnert.

Feste feiern, wie sie fallen

Die meisten Feste im Lauf eines Jahres sind Familienfeste. Ob Weihnachten, Ostern oder der Geburtstag: Für Kinder finden diese feierlichen Höhepunkte im Kreis der Familie statt. Sie stärken das Zusammengehörigkeitsgefühl und bestätigen die Bedeutung und Besonderheit einer Familie. Früher fanden kleine Feiern an jedem Sonntag statt, wenn die ganze (Groß-)Familie zu einem üppigen Essen zusammenkam, die Erwachsenen sich unterhielten, Neuigkeiten austauschten und Familienprobleme wälzten, während die Kinder miteinander spielten.

Familienfeiern mal anders

Heute leben kaum noch Familien mit drei oder mehr Generationen unter einem Dach, und die Verwandtschaft ist oft sehr verstreut. Immer wieder finden sich aber doch Gelegenheiten, um zusammenzukommen und alle mal wieder einzuladen. Leider beschränkt sich das meist auf Anlässe wie Hochzeiten, Taufen oder Beerdigungen. Vielleicht wollen Sie das ja ändern. Wie wäre es mit einem Pfingsttreffen oder dem ersten Advent? Das sind Termine, an denen fast alle freihaben, wo aber ansonsten meist nicht viel stattfindet.

> **GU-ERFOLGSTIPP**
>
> Ein Baum für alle: Wenn Sie das nächste Mal zu einem größeren Familienfest zusammenkommen, zeichnen Sie doch mal gemeinsam einen Stammbaum: Sie können mit Ihren Kindern das Schema vorbereiten und den Baum mit seinen Verzweigungen vorzeichnen. Beim Fest dürfen dann die Kinder die Verwandten befragen und versuchen, alle Zweige auszufüllen. Vielleicht kennt der Onkel ja noch den Großneffen des Urgroßvaters und die Großmutter das Geburtsjahr der Urgroßmutter väterlicherseits? Das macht allen Beteiligten bestimmt viel Spaß, und sicher werden auch eine Reihe von Erinnerungen und Anekdoten wach gerufen. Und am Ende freuen sich dann sicher alle, wenn sie eine Kopie des Stammbaums bekommen.

Auch Feiern im kleinen Familienkreis, die außer der Reihe stattfinden und zu einer Institution werden, sind prägende und verbindende Ereignisse. So kann beispielsweise immer am letzten Ferientag ein kleines Fest stattfinden, um die gemeinsame intensive Zeit bewusst abzuschließen. Auch ein besonders feierliches gemeinsames Essen oder der gemeinsame Restaurantbesuch kann ein kleines Fest sein. Solche individuellen Rituale halten die Familie in ganz besonderer Weise zusammen und stärken sie.

Kindergeburtstag

Der Geburtstag ist für jedes Kind wohl der absolute Höhepunkt im Jahr. Denn an diesem Tag dreht sich alles um das Geburtstagskind, es darf Wünsche äußern und Ansprüche stellen, es darf der unumstrittene König sein. Die Rollen innerhalb der Familie sind für diesen einen Tag aufgehoben, heute darf das Kind bestimmen. Vor allem wird es sich wünschen, dass die vertrauten Rituale ablaufen wie in jedem Jahr. Dazu steht die Familie vielleicht früher auf und bereitet schon alles vor. Gemeinsam wird dann am Bett des Geburtstagskindes ein Ständchen gesungen.

› Anschließend können alle Familienmitglieder nacheinander ihre Geschenke überreichen, oder die Gaben warten am fest-

TIPP
Als Faustregel hat sich bewährt: Die Anzahl der Geburtstagsgäste entspricht der Anzahl der Lebensjahre. So werden es nicht allzu viele Gäste, aber es gibt auch jedes Jahr eine kleine Steigerung.

WIE SCHÖN, DASS DU GEBOREN BIST

Heute kann es regnen, stürmen oder schnein,
denn du strahlst ja selber
wie der Sonnenschein.
Heut' ist dein Geburtstag, darum feiern wir,
alle deine Freunde freuen sich mit dir.

Wie schön, dass du geboren bist,
wir hätten dich sonst sehr vermisst,
wie schön, dass wir beisammen sind,
wir gratulieren dir, Geburtstagskind!

Unsre guten Wünsche haben ihren Grund,
bitte bleib noch lange glücklich und gesund,
dich so froh zu sehen ist, was uns gefällt,
Tränen gibt es schon genug auf dieser Welt.

Wie schön, dass du geboren bist,
wir hätten dich sonst sehr vermisst,
wie schön, dass wir beisammen sind,
wir gratulieren dir, Geburtstagskind!

Montag, Dienstag, Mittwoch, das ist ganz egal,
dein Geburtstag kommt im Jahr
doch nur ein Mal,
darum lasst uns feiern, dass die Schwarte kracht,
heute wird getanzt, gesungen und gelacht!

Wie schön, dass du geboren bist,
wir hätten dich sonst sehr vermisst,
wie schön, dass wir beisammen sind,
wir gratulieren dir, Geburtstagskind!

(Musik und Text: Rolf Zuckowski)

© Mit freundlicher Genehmigung:
Musik für Dich/Rolf Zuckowski OHG, Hamburg

---

lich gedeckten Tisch mit einem schönen Geburtstagsstrauß. Denn auch Schenken ist ein wichtiges Ritual!

> Selbstverständlich darf auf dem Tisch auch der Geburtstagskuchen mit der entsprechenden Anzahl brennender Kerzen nicht fehlen. Das Kind darf die Kerzen auspusten, um sich danach etwas zu wünschen. Nach dem Frühstück und dem Geschenkeauspacken wird die Familie meist wieder auseinandergehen, in die Schule oder zur Arbeit.

> Am Mittag, wenn das Geburtstagskind nach Hause kommt, gibt es sein Wunschessen mit Nachtisch und allem Drum und Dran. Damit ist der Ehrentag aber noch längst nicht vorbei. Wahrscheinlich folgt am Nachmittag ein Kinderfest, natürlich möglichst genau nach den Vorstellungen der Hauptperson.

Der besondere Tag geht weiter

Wenn alle Geburtstagsgäste eingetroffen sind, folgt die Begrüßung: Vielleicht ein gemeinsam gesungenes Geburtstagsständchen. Anschließend gibt es Kuchen mit Saft, Kakao, selbst gemachter Limonade, Fruchtpunsch oder was sonst gewünscht wird.

In warmen Monaten kann das Programm draußen stattfinden, vielleicht machen Sie eine Schnitzeljagd (siehe Seite 112) oder veranstalten einen kleinen Jahrmarkt im Garten: Bauen Sie Wettlaufplätze und Stände auf, die jeweils von älteren Geschwistern, Freunden oder Eltern geführt werden. Folgende Stationen bieten sich an: ein Wurfstand mit Dosen oder Pappbechern und einem Ball, Sackhüpfen, Eierlaufen, Stelzenlaufen, Tauziehen und Wasserspiele. Die Spiele können Sie auch auf einer Wiese im Park veranstalten. Hierher können Sie auch das Kuchenessen verlegen – als Picknick unter Bäumen ist es bei Kindern besonders beliebt.

Spiele für daheim

> - Topfschlagen: Nacheinander werden jedem Kind die Augen verbunden, es wird gedreht und darf dann auf allen vieren mit dem Kochlöffel auf die Suche nach dem Topf gehen. Die anderen Kinder rufen »heiß!«, »warm!«, »kalt!«, je nachdem, wie nah der Suchende dem Topf kommt. Schlägt das Kind mit dem Löffel auf den Topf, bekommt es den Preis, der unter dem Topf liegt.
> - Die Reise nach Jerusalem: Stühle (einen weniger als Mitspieler da sind) Rücken an Rücken aufstellen. Lassen Sie nun Musik laufen. Die Spieler gehen um die Stühle herum. Bricht die Musik ab, versucht jeder einen Sitzplatz zu ergattern. Wer keinen bekommt, scheidet aus. In jeder Runde wird ein Stuhl weggenommen. Sieger ist, wer den letzten Stuhl erwischt.
> - Zeitungstanz: Alle tanzen paarweise oder allein zu Musik auf jeweils einem großen ausgebreiteten Zeitungsblatt. Wird die Musik abgestellt, kontrolliert jemand, ob noch alle auf der Zeitung stehen. Wer übertritt, scheidet aus. Dann wird die Zeitung halbiert, und zur Musik wird weitergetanzt. Nach der nächsten Kontrolle wird die Zeitung wiederum halbiert – so lange, bis nur noch ein Paar oder ein Einzelner auf der Zeitung aushält.

FÜR WINTERKINDER

Auch wenn es draußen kalt ist, schneit oder regnet, macht ein kleiner Spaziergang mit Spielen allen Spaß (siehe Seite 101 f. und 114). Danach lässt sich's daheim umso gemütlicher feiern und essen, zum Beispiel mit Pizzabacken als Höhepunkt: Die Kinder dürfen den Teig kneten, den Belag vorbereiten, Tomatensauce anrühren, die Pizza belegen und backen.

> Würstchen- oder Karottenschnappen: Hängen Sie so viele Würstchen oder kleine Karotten, wie Gäste da sind, an ein Stück feste Schnur. Die Schnur wird an beiden Enden von zwei Erwachsenen hochgehalten und bewegt. Unter jedem Würstchen (jeder Karotte) steht ein Kind und schnappt danach.
> Kreuzworträtsel im kleinen Kreis: Erstellen sie ein Kreuzworträtsel, in dem wichtige Lebenssituationen des Geburtstagskindes abgefragt werden oder die Namen von Verwandten, Lehrern oder Erzieherinnen und Freunden des Kindes. Alle gemeinsam dürfen sich an der Lösung des Rätsels beteiligen.
> Puzzle: Legen Sie gemeinsam ein Puzzle, das ein Bild Ihres Kindes ergibt. Lassen Sie dafür aus einem Foto Ihres Kindes in einem Kopierladen ein Puzzle anfertigen – oder gleich zwei für einen kleinen, spielerischen Wettbewerb mit zwei Gruppen.

Schöner Tagesausklang

Der Abend des Geburtstags ist dann wieder für die Familie reserviert. Vielleicht kommen die Großeltern noch zum Gratulieren vorbei. Oder Sie lassen den Tag ganz ruhig ausklingen und erzählen Ihrem Kind, wie es auf die Welt kam. Dabei lieben es Kinder auch, ihr persönliches Fotoalbum zu betrachten, und stellen den Eltern viele Fragen über das Wunder ihrer Geburt.

> **GU-ERFOLGSTIPP**
>
> Das Luftballonfest: Legen Sie den Geburtstagseinladungen einen Luftballon bei. Der Geburtstagskuchen ist mit bunten Marzipan-Ballons verziert. Das Festzimmer wird mit Luftballons geschmückt, die über einer »zweiten Zimmerdecke« aus transparenter Abdeckfolie liegen.
> Spiele mit Luftballons: Wettlaufen mit dem Ende eines aufgeblasenen Luftballons zwischen den Zehen. Oder jeder bekommt einen Ballon ans Fußgelenk gebunden, und die Kinder versuchen, die Ballons der anderen zu zertreten.

> **TIPP: Der Jahreszeitentisch**
> Um Kindern die Jahreszeiten wieder bewusster zu machen, können sie sozusagen ins Haus geholt werden. Dazu bietet sich die Tradition des Jahreszeitentisches an, ein Ritual, das aus der Waldorfpädagogik bekannt ist. Dafür muss kein extra Tisch reserviert werden, es genügt auch ein freies Brett im Regal oder eine breite Fensterbank, auf der Sie die Blumen, Zweige und Früchte der Saison hübsch anrichten.

Frühling: Das Leben erwacht

Der nahende Frühling weckt neue Lebensgeister – und für die Kleinen genauso wie für die Großen bedeutet das: wieder mehr raus in die Natur, sich anstecken lassen von dem sprießenden Grün, teilnehmen am Wachsen, Wärme und Licht genießen!

Der Jahreszeitentisch im Frühling

Blumen als Frühlingsboten sollten auf dem frühlingshaften Tisch nicht fehlen. Besonders schön sind gelbe Narzissen oder bunte Tulpen. Forsythien- oder Weidenzweige, an denen in der Osterzeit bunt bemalte ausgeblasene Ostereier oder kleine bunte Holzeier hängen, sowie selbst gebastelte Hasen und Küken vervollständigen den schmucken Tisch.

Rituale zu Ostern

Zur Feier des Frühlings gibt es auch ein großes Fest: Ostern. Jedes Jahr aufs Neue feiern wir, wie fast alle Menschen auf der Welt, am Sonntag nach dem ersten Frühlingsvollmond das wiederkehrende Licht, die Wärme und das neue Grün. Der Winter, die kalte, dunkle Jahreszeit, ist endlich vorbei.

Ostern ist nicht nur für Christen ein ganz besonderes Fest. Denn das Fest der Auferstehung Christi ist schon immer auch das Fest der Auferstehung des Lebens und der Natur sowie das Fest der Fruchtbarkeit gewesen. Sinnvoll ist es, sich aus der Vielzahl an Oster- und Frühlingsbräuchen einige herauszupicken, die dann zu wirklichen Familienritualen werden. Hier einige Beispiele:

> - Vielleicht verzichten Sie mit Ihren Kindern während der Fastenzeit vor Ostern auf Süßigkeiten.
> - Schön ist ein festliches Osterfrühstück mit selbst gebackenem Kuchen aus einer Lammform und selbst bemalten hart gekochten Hühnereiern.
> - Ein mit ausgeblasenen Eiern geschmückter Strauß aus Weidenkätzchen oder anderen blühenden Zweigen sollte nicht fehlen.

Osterspiele rund ums Ei

Das Ostereiersuchen ist wohl in jeder Familie der Höhepunkt des Osterfestes! Nachdem die Kinder die im Garten oder in der Wohnung versteckten Eier gefunden haben, können sie damit lustige Spiele machen. Dafür eignen sich am besten hart gekochte Eier oder verpackte Schokoladeneier. Als Preise können Schokoladenosterhasen locken.

> Eierwettrollen: Die Spieler stellen sich nebeneinander an einem Hang auf. Jeder lässt sein Ei hinunterkullern. Wessen Ei am weitesten rollt, der hat gewonnen.
> Eierwettlauf: Alle Mitspieler starten mit einem Ei auf einem Löffel. Wer zuerst ans Ziel kommt, ohne dass sein Ei heruntergefallen ist, der hat gewonnen.
> Eierboccia: Ein gekochtes Osterei wird in einiger Entfernung auf einen Weg gelegt. Jeder Spieler versucht, zwei kleine Schokoladeneier so zu dem Ei hinzurollen, dass sie möglichst nahe am großen Ei liegen bleiben, es aber nicht berühren. Wer am nächsten dran ist, bekommt alle Schokoeier!

TIPP

Statt in Haus oder Garten die Eier zu suchen, können Ihre Kinder diese auch beim Osterspaziergang aufspüren: Sie gehen mit dem Korb voraus und legen die Eier zwischen Wurzeln und Zweige, an große Steine oder Blumen. Ihre Kinder folgen mit etwas Abstand und füllen ihre Körbchen. Kleine Hinweise Ihrerseits sind erlaubt!

Sommer: draußen in üppiger Natur

Der Sommer beschert uns reichlich Wärme, Licht und Sonnenschein – genau das, wonach die meisten Menschen sich im langen Winter sehnen. Das Bedürfnis, viel Zeit im Freien zu verbringen und in lauen Sommernächten im Biergarten oder auf dem Balkon zu sitzen, ist jetzt groß. Auch die Kinder hält es kaum mehr im Haus. Sie wollen draußen spielen: Ballspiele, Seilspringen, Stelzenlaufen, Fangen und Verstecken. Besonders schön ist es für viele Kinder, wenn auf dem Balkon oder im Garten ein kleines Planschbecken steht, das ihnen zwischendurch immer wieder feuchte Abkühlung verschafft.

Sie können jetzt mit Ihren Kindern viele schöne Ausflüge unternehmen, wandern, schwimmen oder Fahrrad fahren. Dabei sollte ein leckeres Picknick keinesfalls fehlen. Auch an einem Grillfest haben sicher alle viel Spaß.

TIPP
Machen Sie in einer klaren Sommernacht mal eine Mitternachtswanderung mit Ihren Kindern – mit Taschenlampen und Sterne-Bestimmungsbuch.

Der Jahreszeitentisch im Sommer

Im Sommer lässt sich in der Natur vieles finden. Sie können den Tisch mit Getreidesträußen und einer üppigen Schale mit Obst, vor allem Beeren, dekorieren. Auch Blumen gibt es reichlich, und außerdem bietet der Urlaub viel Gelegenheit zum Sammeln: Sand, Steine, Schneckenhäuser, Muscheln... All das passt auf einen richtigen Sommertisch.

Eine Schnitzeljagd

Um für Kinder aus einem Ausflug etwas ganz Besonderes zu machen, eignet sich eine Schnitzeljagd mit dem Fahrrad oder zu Fuß. Wenn Sie dazu einen Familienausflug planen, können Sie schon vorher die Strecke abgehen oder -fahren und die »Schnitzel« verstecken. Andernfalls muss ein Erwachsener oder ein größeres Kind vorausgehen.

Die Schnitzel (farbige Zettel oder Stoffreste) können bei kürzeren Abständen an Bäume angesteckt sein. Ist die Entfernung zum nächsten Zettelchen weiter, können entsprechende Hinweise gegeben werden, wie die Kinder sich fortbewegen müssen, um den nächsten Schnitzel zu finden. Sie können auch lustige Aufgaben stellen, zum Beispiel: »Setzt euch alle auf den Baum und zwitschert wie die Vöglein, bevor ihr weitergeht!« Besondere Freude wird es auslösen, wenn am Ende – natürlich mit Schatzkarte – eine Schatzkiste zu suchen ist, in der sich Verpflegung oder ein Picknick befindet.

Noch mehr Sommerabenteuer
Das sommerliche Leben im Freien tut der menschlichen Seele einfach gut! Jetzt kann man auf Feste verzichten: Spontane Unternehmungen im Freien stehen stattdessen auf dem Programm.
> Feste im Sommer haben in unseren Breiten nahezu keine Tradition – bis auf die Sommersonnwende, die mit dem Johannisfeuer um den 22. Juni, dem Wechsel der Jahreszeit, von immer mehr Menschen gefeiert wird. Dazu treffen sich Familien im Freien und entfachen, wo es erlaubt ist, ein großes Feuer.
> Größere Kinder wollen vielleicht auch gern mal im Zelt im Garten übernachten. Es ist für sie ein besonderes Erlebnis, in einer klaren Nacht den Sternenhimmel zu beobachten.
> Sie können auch folgendes Ritual einführen: Jedes Jahr am Wochenende vor oder nach der Sommersonnwende, wenn die Tage am längsten sind, dürfen Ihre Kinder im Garten zelten.

SPIELE FÜR UNTERWEGS

Reim doch mal!
Wem fallen die besten Reime ein, wer findet auch auf schwierige Wörter passende Reime? Etwa so:
Mama: »Große Kapitäne...«
Papa: »... litten an Migräne.«
Kind: »Gingen rauf aufs Schiff...«
Anderes Kind: »... steuerten aufs nächste Riff.«

Kennzeichen-Spiele
Die Autokennzeichen eignen sich bestens für allerlei Spielvarianten. Kennzeichen der Länder und Städte müssen zum Beispiel dem Land zugeordnet und dieses auf der Landkarte ausfindig gemacht werden. Oder die Ziffern der Kennzeichen werden addiert oder multipliziert. Für Fortgeschrittene: Quersumme bilden!

Grashalm-Hakeln
Für Spaziergänge oder die Pause an der Autobahnraststätte: Jeder Mitspieler sucht sich einen langen Halm. Einer hält beide Enden zwischen den Fingern fest. Ein anderer hakt seinen Halm in die Schlaufe ein. Beide ziehen erst leicht, dann immer fester, bis einer der Halme reißt. Wessen Grashalm ganz bleibt, ist der Sieger.

Der Herbst: Farbe überall

Der Herbst ist die Übergangszeit vom Sommer zum Winter. Jetzt heißt es Abschied nehmen von Wärme und viel Sonne. Die Tage werden kürzer, das Leben verlagert sich wieder mehr und mehr nach drinnen. Dennoch sind gerade im Herbst Spaziergänge und Wanderungen besonders schön.

Der Jahreszeitentisch im Herbst

Auf dem Jahreszeitentisch können Sie jetzt buntes Laub und Obst arrangieren. Besonders attraktiv sind Kürbisse. Auch Getreidesträuße, Nüsse, Kastanien und Eicheln passen gut.

Das Erntedankfest

Schon bei den alten Römern wurde nach der Ernte ein Fest zu Ehren der Göttin Cerealia gefeiert. In der christlichen Kirche ist das Erntedankfest seit dem dritten Jahrhundert belegt. Hierfür gibt es keinen festen Termin, in der Regel wird Ende September gefeiert, wenn die Ernte weitgehend eingefahren ist.

Nehmen Sie diese oft vergessene Tradition zum Anlass, um mit Ihrem Kind in der Kirche die reich gefüllten Erntekörbe zu bewundern. Ein Ausflug aufs Land, bei dem die Ernte einfahrenden Bauern beobachtet werden, hilft Kindern, die Herkunft der Lebensmittel auf dem so selbstverständlich gedeckten Tisch besser nachzuvollziehen und Dankbarkeit für das tägliche Essen zu entwickeln. Erzählen Sie auch von Kindern aus anderen Regionen der Erde, die nicht so viel Glück haben. Ein schönes, selbst gekochtes Essen kann zu einem kleinen, jährlich wiederkehrenden Erntedankfest in der Familie werden – ein sinnvolles und schönes Ritual rund um das Thema Essen.

> **GU-ERFOLGSTIPP**
>
> Wählen Sie zum Erntedank ein Wochenende Ende September. Sehen Sie sich mit Ihren Kindern eine mit Erntekörben dekorierte Kirche an, fahren Sie zum Bauern und kaufen Sie dort, an der Quelle, frisch geerntete Nahrungsmittel, aus denen Sie gemeinsam ein Essen, beispielsweise einen bunten Gemüseeintopf, zubereiten. Dekorieren Sie den Tisch mit unverarbeiteten Zutaten und kleinen Getreidesträußchen. Vielleicht darf jedes Familienmitglied einen Gast einladen, der sich mit über die Fülle der frischen Speisen freut.

Halloween

Das Kürbis- und Geisterfest aus den USA war ursprünglich ein keltischer Brauch: Die Kelten glaubten, dass in der Nacht vom 31. Oktober auf den 1. November der Schleier, der die Geisterwelt von der realen Welt trennt, am dünnsten ist. Um zu verhindern, dass die Toten zurückkamen, wurden sie mit bösen Streichen, Feuer und furchterregenden Masken abgeschreckt. Das Fest hat sich inzwischen mehr und mehr zum Kinderfest entwickelt, bei dem die Kleinen den Erwachsenen Angst einjagen dürfen und damit für diesen Abend die Stärkeren sind. In Europa setzt sich der Brauch bei geschäftstüchtigen Veranstaltern immer mehr durch. Aber er wird auch in Kindergärten immer beliebter, schließlich verkürzt er das lange Warten auf die Weihnachtszeit.

TIPP
Vielleicht erlauben Sie Ihren Kindern, sich in dieser Nacht den Wecker zur »Geisterstunde« zu stellen und dann als Gespenster durchs Haus zu geistern und Sie zu erschrecken.

Herbstliche Basteleien

Im Herbst bietet die Natur viele Gelegenheiten zum Basteln:

> Sammeln Sie gemeinsam mit Ihren Kindern Eicheln, Kastanien und bunte Blätter und basteln Sie daraus Ketten, lustige Männchen und Tiere.

> Für einen Drachen brauchen Sie zwei unterschiedlich lange, dünne Holzleisten, ein kurzes Rundholz, Seidenpapier, Holzleim, Klebstoff und eine Spule Angelschnur. Drücken Sie in die Enden der Leisten mit einem Messer längs je eine Rille. Kleben Sie die Leisten gekreuzt mit Leim aufeinander und umwickeln die Klebestelle fest mit Schnur. Spannen Sie Angelschnur um das Kreuz, legen das passend zugeschnittene Papier darauf, schlagen die Ränder um die Schnur und kleben sie fest. An der Mitte des Kreuzes befestigen Sie das Ende der restlichen, auf das Rundholz gewickelten Schnur. Aus Wollfaden und Papier können Sie noch einen Drachenschwanz mit Zacken basteln.

> Zu Halloween gehört ein Kürbis mit leuchtenden Augen ins Fenster! Einen Deckel vom Kürbis abschneiden und diesen innen aushöhlen (wird eine leckere Suppe!). Mit einem spitzen Messer ein grinsendes Gesicht in den Kürbis schneiden. Teelicht oder Kerze hineinstellen, Deckel wieder aufsetzen: fertig!

Das Laternenfest

Alljährlich am 11. November findet das Laternenfest oder auch der Sankt-Martins-Zug statt. Das Licht der Laternen symbolisiert dabei sowohl das Licht in den Herzen als auch Wärme und Geborgenheit in der dunklen Jahreszeit, welche mit dem Herbst begonnen hat. Mit selbst gebastelten Laternen ziehen die Kinder durch die Straßen und singen dazu Martinslieder, etwa den Klassiker im Kasten unten. Tolle Ideen zum Laternenbasteln haben oft die Erzieherinnen im Kindergarten.

Rituale fürs Martinsfest

Um an den heiligen Martin von Tours zu erinnern, der nach der Überlieferung im kalten Winter seinen warmen Mantel mit einem Bettler teilte, eignet sich ein kleines Ritual. Es kann Ihren Kindern die Freude am Teilen und Schenken vermitteln:

> Die Kinder dürfen mit einem Licht und Selbstgebackenem – zum Beispiel den in manchen Gegenden traditionellen Hefeteigmännern mit Rosinen oder mit Laugenbrezeln – alte und einsame Menschen in der Nachbarschaft besuchen.
> Die Kinder können auch ihre Spielsachen aussortieren und alles, was sie nicht mehr brauchen, an eine Organisation geben, die es in ein Krisengebiet schickt. Oder sie geben es in einem nahe gelegenen Asylbewerberheim ab, um mit Kindern zu teilen, die viel weniger haben als sie selbst.

ICH GEH MIT MEINER LATERNE

Ich geh mit meiner Laterne
und meine Laterne mit mir.
Da oben leuchten die Sterne
und unten, da leuchten wir.
Der Hahn, der kräht,
die Katz miaut.
Rabimmel, rabammel, rabum.

Ich geh mit meiner Laterne
und meine Laterne mit mir.
Da oben leuchten die Sterne
und unten, da leuchten wir.
Laternenlicht,
verlösch mir nicht.
Rabimmel, rabammel, rabum.

Ich geh mit meiner Laterne
und meine Laterne mit mir.
Da oben leuchten die Sterne
und unten, da leuchten wir.
Mein Licht ist aus,
ich geh nach Haus.
Rabimmel, rabammel, rabum.

Winter: die Zeit der vielen Feste

In keiner Jahreszeit wird so viel gefeiert wie im Winter. Die Gründe sind einleuchtend: Licht und Wärme, Sonne und sommerliche Lebensfreude fehlen jetzt. Das wird zum Teil durch die vielen Feste aufgefangen. Nicht ohne Grund gehört zur Adventszeit romantisches Kerzenlicht, das fehlendes Sonnenlicht und mangelnde Wärme ersetzen soll. Es hilft auch dabei, besinnlich nach innen zu schauen. Denn darum geht es auch im Winter: den Blick auf sein Inneres zu richten, zu ruhen und Kräfte zu sammeln. Eine solche Atmosphäre lieben auch Kinder sehr. Allerdings gehen sie auch in der kalten Jahreszeit gern nach draußen, vor allem bei tollem Winterwetter: Dann rufen Vergnügen wie Schlittschuhfahren, Rodeln, Schneemannbauen und Schneeballschlachten!

TIPP
Damit auch die Vögel in einem kalten Winter einen reich gedeckten Tisch vorfinden, schauen Sie doch mit Ihrem Kind regelmäßig nach, ob noch genug Futter im – vielleicht gemeinsam gebauten – Vogelhaus im Garten oder am Balkon ist. Erzählen Sie Ihrem Kind auch von den Zugvögeln, die es sich jetzt im fernen Afrika gut gehen lassen!

Der Jahreszeitentisch im Winter

Die Natur ist im Winter eher karg, dennoch bietet sie einiges Schöne für den Jahreszeitentisch. Mistel- und Nadelbaumzweige gehören zur stimmungsvollen Winterdekoration ebenso wie die Zapfen von Nadelbäumen. Ab dem ersten Advent darf dann auch ein Adventskranz nicht fehlen und eine Krippe, die immer weiter vervollständigt wird. Einige Strohsterne und Glaskugeln geben dem Arrangement eine festliche Note.

Die Adventszeit

Spätestens mit dem ersten Advent beginnt die besinnliche Vorweihnachtszeit. Advent bedeutet »Ankunft« und ist der Anfang des Kirchenjahres. Für Kinder ist diese Zeit voller Vorfreude auf das Weihnachtsfest und voll strahlender Höhepunkte.

Schöne Adventsrituale

Jetzt sind vor allem ganz traditionelle Rituale angesagt!
> Gemütliches Plätzchenbacken gehört einfach dazu: Teig kneten und ausrollen, Formen ausstechen, der Duft beim Backen und der köstliche Geschmack – all das ist nicht nur für Kinder ein sinnliches Erlebnis. Auch ganz Kleine können dabei schon mitmachen, schließlich müssen die Plätzchen ja nicht perfekt sein!

> Die Adventssonntage, an denen immer mehr Lichter angezündet werden, sind auch schon für kleine Kinder nachvollziehbare Zeiteinheiten auf dem Weg zum Höhepunkt, dem Weihnachtsabend, an dem dann ganz viele Lichter brennen.
> Ebenso verkürzt der Adventskalender die lange Wartezeit. Vielleicht wollen Sie ja einen Kalender selbst basteln – der gefällt Ihren Kindern sicher ganz besonders gut. Einfach anzufertigen und trotzdem dekorativ sind Kalender aus 24 beklebten Streichholzschachteln oder genähten Säckchen, die Sie einfach an eine dicke Kordel knoten. Ein solcher Adventskalender hält außerdem oft viele Jahre: Sie füllen ihn einfach jedes Jahr wieder mit vielen kleinen Überraschungen und hängen ihn auf.
> Das Aufstellen der Krippe ist jedes Jahr ein feierliches Ritual, an dem Kinder gern beteiligt werden. Besonders »lebendig« ist die Krippe, wenn Sie die Figuren nach und nach aufstellen und sie sich immer mal ein wenig fortbewegen. So ist die heilige Familie am Anfang noch weit entfernt vom Stall, in dem schon die Tiere stehen. Sie kommt immer näher, aber erst am Tag vor Heiligabend erreicht sie die Krippe. Das Jesuskind taucht natürlich erst dann in der Krippe auf, und die Heiligen Drei Könige nähern sich ihr nun langsam und erreichen sie am 6. Januar. Auf die Art können Sie Ihren Kindern anschaulich die Weihnachtsgeschichte vermitteln, damit es sein kulturelles Erbe kennen lernt.

TIPP: Adventskalender mal umgekehrt

Die Adventswand ist eine Alternative zum herkömmlichen Kalender. Hängen Sie dafür eine große Pinnwand auf, die mit rotem Stoff bezogen und mit Tannenzweigen dekoriert ist. Heften Sie jeden Abend, wenn Ihre Kinder im Bett sind, einen weihnachtlichen Gegenstand an die Wand, 24 Tage lang. Das können schöne Weihnachtskarten sein, ein selbst gemaltes Bild, ein Glöckchen, eine besondere Christbaumkugel, Mistelzweige... Ihre Kinder werden bestimmt jeden Morgen zur Adventswand laufen und das neu hinzugekommene Teil begutachten. Und vielleicht erzählen Sie am Abend immer noch eine kleine Geschichte dazu.

Der Nikolaus kommt!

Der Nikolaus ist eine mystische Gestalt, die auf den heiligen Nikolaus von Myra zurückgeht und die kindliche Fantasie besonders anspricht. Seit dem Mittelalter wird in unserer Kultur der Nikolaustag gefeiert.

Nikolaustag mit Ritualen

> In fast allen Familien stellen die Kinder am Vorabend des Nikolaustags ihre Stiefel vor die Tür. Am Morgen des 6. Dezember finden sie darin Süßes, Nüsse und Äpfel. Dies geht auf die Legende zurück, Nikolaus habe drei armen Mädchen nachts Goldklumpen (»Goldäpfel«) zum Fenster hineingeworfen.

> Manchmal kommt der Nikolaus selbst vorbei, liest aus seinem Buch vor, lobt das Kind und darf auch auf manch kleines Versäumnis hinweisen. Auf keinen Fall sollte er aber als strenger Erzieher auftreten, denn das kann Kindern große Angst machen – daher verliert der Krampus, die dunkle Gestalt an seiner Seite, auch zunehmend an Bedeutung. Selbst größere Kinder, die unter der Nikolausverkleidung die Schuhe des Onkels erkennen, halten oft noch an ihrem Glauben fest. Lassen Sie Ihren Kindern die Faszination an den mythischen Gestalten.

> Schiffchensetzen nannte man in früheren Jahrhunderten den Brauch, selbst gebastelte Schiffchen aus Papier oder anderem Material für die Nikolausgaben aufzustellen. Denn der heilige Nikolaus ist auch Schutzpatron der Seefahrer.

Höhepunkt Weihnachten

Dass das christliche Weihnachtsfest und das eigentlich unbekannte Geburtsdatum von Jesus auf die Zeit der Wintersonnwende gelegt wurden, ist kein Zufall. Denn zu dieser Zeit wird die Natur neu erweckt. Die Tage werden länger und langsam wieder wärmer. Das war schon für unsere heidnischen Vorfahren ein Grund zum Feiern. So erinnern auch die Lichter am Christbaum an ein Ritual aus der Zeit unserer Urahnen: Sie entzündeten am Tag der Wintersonnwende ein Feuer auf den Berggipfeln, um ihre Freude über die Rückkehr von Sonne, Wärme und Licht zu zeigen.

TIPP: Festliches Essen am Heiligabend

In vielen Familien hat sich an festlichen Tagen ein Fondue als Mahlzeit durchgesetzt, weil es besonders gesellig ist und alle bei den unkomplizierten Vorbereitungen helfen können. Kinder lieben besonders Würstchenfondue mit leckeren Saucen – natürlich auch Ketchup.

Typische Weihnachtsrituale

Weihnachten hat sich bei uns zum wichtigsten Familienfest entwickelt. Die Weihnachtstradition wird in jeder Familie etwas anders gepflegt. Wichtig ist die ruhige, feierliche Atmosphäre.

> Der Weihnachtsbaum wird meist gemeinsam ausgesucht, und ältere Kinder dürfen schon mitschmücken. Die Kerzen werden aber immer erst zum Heiligen Abend angezündet.

> Zu Heiligabend gehen viele Menschen in die Kirche, um sich im Familiengottesdienst einzustimmen. In den meisten Familien gibt es danach ein spezielles Weihnachtsessen: Manche essen immer Kartoffelsalat mit Würstchen, andere Heringssalat.

> Vor der Bescherung ist es schön, noch die Weihnachtsgeschichte zu lesen oder gemeinsam Weihnachtslieder zu singen. Jeder hat sich für die anderen schön gemacht, und alle umarmen sich und wünschen sich frohe Weihnachten.

> Für Kinder steht die Bescherung im Mittelpunkt des Abends. Vielleicht haben sie (mit Ihrer Hilfe) an das Christkind einen Brief geschrieben – nicht einfach eine Wunschliste –, der dann unbemerkt abgeholt wurde. Natürlich hat sich das Christkind bemüht, einige Wünsche zu erfüllen. Ihr Kind wird strahlen, wenn es das sieht. Wichtig ist, dass ein Familienmitglied nach dem anderen jeweils nur ein Geschenk sorgfältig auspackt – so wird die Bescherung zum spannenden Höhepunkt.

> Viele Familien begehen den ersten Weihnachtsfeiertag im größeren Familienkreis mit einem festlichen Essen.

TIPP
Besonders spannend für Kinder ist es, wenn sie in der Stunde vor der Bescherung nicht mehr ins Weihnachtszimmer dürfen. Die Eltern bereiten in dieser Zeit alles vor, zünden die Kerzen an und läuten schließlich mit einem Glöckchen. Ein jedes Jahr aufs Neue sehnlichst erwarteter Klang!

Der Jahreswechsel

Der Übergang von einem Jahr zum nächsten galt früher als unheimlich, keiner wollte in der Geisterstunde allein sein und schlafen. Schon unsere Vorfahren wollten die bösen Geister mit viel Lärm vertreiben, damit die guten Geister kommen konnten, um Glück und Gesundheit zu bringen. Auch heute gehört ein Feuerwerk einfach zu Silvester dazu. Und der magische Tag hat auch für uns noch eine besondere Ausstrahlung: Denken Sie nur an die vielen guten Vorsätze, die man jedes Jahr an Silvester fasst.

Silvester mit Kindern

Kleine Kinder verschlafen die Silvesternacht meist ohnehin. Doch sobald die Kinder ein wenig größer sind, werden sie versuchen, wach zu bleiben und mitzufeiern. Anders als an Weihnachten feiert dann nicht die Familie unter sich, sondern es treffen sich meist befreundete Familien. Der Abend ist in jedem Fall lang. Führen Sie deshalb einige Rituale ein, die gut zum Anlass passen und allen Spaß machen:

> Ein gemeinsames Fondue oder Raclette ist das ideale Essen für einen so langen Abend (siehe Kasten Seite 120).
> Bleigießen hat Tradition und ist sehr unterhaltsam. Fertige Sets bekommen Sie in Kaufhäusern.
> Knallbonbons machen ebenfalls riesig Spaß: Zwei ziehen jeweils an den Enden, dann kracht es, und das im »Bonbon« versteckte kleine Spielzeug gehört dem, in dessen Hälfte es sich befindet. Manchmal sind auch kleine Weisheiten auf Zettelchen in den Knallbonbons versteckt.
> Lassen Sie gemeinsam das alte Jahr Revue passieren: Was war gut, was schwierig oder traurig? Dann sagt jeder seine Wünsche fürs neue Jahr. Die können Sie auch aufschreiben, das Papier zu Drachen oder Schiffchen falten und auf einen Fluss setzen oder an einem Luftballon in den Himmel steigen lassen.
> Im Fernsehen gibt es auch ein Silvester-Ritual: »Dinner for one«. Darüber, wie Butler James Miss Sophie und ihren vier imaginären Gästen das Silvesteressen serviert, können sich größere Kinder auch schon köstlich amüsieren.

BRUMMTOPF

In einigen Gebieten Schleswig-Holsteins und Niedersachsens gehen die Kinder am Silvesterabend singend durch die Nachbarschaft und machen ordentlich Lärm auf dem mit einer Schweinsblase bespannten Brummtopf oder Rummelpott. Das Reiben an einem Schilfrohr in der Mitte der Blase erzeugt laut quäkende Klänge. So helfen die Kinder böse Geister zu vertreiben und bekommen dafür Süßigkeiten und Geld.

Fasching und Karneval

In vorchristlicher Zeit war der Karneval oder Fasching das Neujahrsfest, denn der Januar und der Februar schlossen das alte Jahr ab, und das neue begann mit dem Frühling. Damals wurden mit wildem Tanz und Gesang sowie furchterregenden Masken der Winter und die bösen Geister vertrieben. Auch aus Angst vor den Geistern der Verstorbenen maskierten sich unsere Ahnen.

Faschingsrituale

Die meisten Kinder und viele Erwachsene lieben es auch heute noch, sich zu diesem Anlass zu verkleiden und zu maskieren.

> Besonderen Spaß machen Faschingsfeste mit einem Motto, für das sich die Kinder ein Kostüm ausdenken. Dafür eignen sich zum Beispiel die Themen »Zoo«, »Piraten und Seeleute« oder »Dschungel«. In vielen Gegenden gibt es ein buntes Faschingstreiben oder lustige Karnevalsumzüge. Kinder haben viel Freude, wenn sie verkleidet an einem Umzug teilnehmen oder zuschauen dürfen – und viele von den Wagen geworfene Bonbons aufsammeln.

> Legen Sie doch eine Verkleidungskiste an, in der Sie Tücher, Stoffreste, ältere Kleidungsstücke, aber auch Hüte, Perücken und Schuhe sammeln. Ihr Kind hat so einen großen Fundus für Fantasiekostüme – und wird sicher auch außerhalb der Faschingszeit öfter in die Kiste greifen.

Die Fastenzeit neu entdecken

Die Fastnacht, also die Nacht vor dem Fasten, beendet den Karneval. Danach beginnt traditionell mit dem Aschermittwoch die Fastenzeit, die am Karfreitag, 40 Tage später, endet. Gerade in unserer Zeit kann das Fasten eine besondere Bedeutung haben. Denn wir und unsere Kinder leben meist im Überfluss, essen (fast) alles, was wir wollen. Um das Bewusstsein für Genussmittel und für unseren Wohlstand zu schärfen, können Sie mit Ihren Kindern in der Fastenzeit zum Beispiel auf Süßigkeiten verzichten. Die Schokohasen und Ostereier schmecken nach einer Zeit des bewussten Verzichts sicher noch mal so gut!

KRAPFENSCHMAUS

Schon die alten Römer liebten Krapfen! Zu Fasching gibt es das Festtagsgebäck vor der Fastenzeit traditionell in allen Bäckereien – am besten schmeckt es oft in kleinen Landbäckereien. Nutzen Sie doch die Gelegenheit für einen Ausflug mit Spaziergang und Krapfenschmaus!

Bücher, die weiterhelfen

Aus dem GRÄFE UND UNZER VERLAG

Bannenberg, T., Yoga für Kinder

Bentheim, A.; Murphy-Witt, M., Was Jungen brauchen

Herold, S., 300 Fragen zur Erziehung

Kast-Zahn, A., Jedes Kind kann Regeln lernen; Jedes Kind kann Krisen meistern; Jedes Kind kann schlafen lernen

Koneberg, L.; Förder, G., Kinesiologie für Kinder

Kunze, P.; Keudel, Dr. med. H., Schlafen lernen

Nitsch, C., Der Elternführerschein

Nitsch, C.; Hüther, Prof. Dr. G., Kinder gezielt fördern

Pulkkinen, A., PEKiP: Babys spielerisch fördern

Stamer-Brandt, P.; Murphy-Witt, M., Das Erziehungs-ABC: von Angst bis Zorn

Trischberger, C., Engels, S.: Jetzt koch' ich, Mama! Mit Harry Bär selbst kochen lernen

Empfehlenswerte Bücher und Musik für Kinder

Bauer, J.; Boie, K., Juli und das Monster; Beltz

Buchholz, Q., Schlaf gut, kleiner Bär; Sauerländer

Cousins, L., Mausi geht ins Bett; Sauerländer

Ende, M.; Fuchshuber, A., Das Traumfresserchen; Thienemann

Friebel, V., Friedrich, S.: Entspannen für Kinder (Buch mit CD); Rowohlt

Geisler, D.; Frey, J., Streiten gehört dazu, auch wenn man sich lieb hat; Ravensburger

Janosch, Ich mach dich gesund, sagte der Bär; Bilderbuch (Beltz), Hörkassette (Universal)

Kunze, P., Zappelfinger reisen um die Welt, 35 neue Lieder, Spiele und Reime (mit 3 Fingerpuppen); Knaur

Kunze, P., Zappelfinger-Spaß, 35 kreative Förderspiele, Lieder und Reime (mit 3 Fingerpuppen); Knaur

Lindgren, A., Ich will auch Geschwister haben; Ich will auch in die Schule gehen; Oetinger

Lobe, M., Morgen komme ich in die Schule; Esslinger

Olbrich, H. u. a., Abschied von Tante Sofia; Kaufmann

Piumini, R.; Buchholz, Q., Matti und der Großvater; dtv

Schneider, L. u. a, Conni kommt in den Kindergarten; Carlsen

Zuckowski, R., Rolf und seine Freunde: Im Kindergarten; CD oder Hörkassette

Internet-Adressen

Viele Tipps, Anregungen, Kontakte und Adressen für Eltern finden Sie auf den folgenden Websites:
www.kidnet.de
www.kinder.de
www.rund-ums-baby.de

Infos und Rat zur Erziehung in allen Altersstufen bieten diese Internetseiten:
www.elternimnetz.de
www.familienhandbuch.de

Sachregister

A
Abend 44 ff.
Abendlieder 46
Abendrituale 45 ff.
Abschalten 41 f.
Abschiedsrituale 73 f.
Abstillen 63
Advent 118
Adventskalender 119
Albträume 52
Alltag 10, 20 ff., 80 ff.
Ängste 14, 45, 53, 85 ff.
Angstsymptome 86
Anziehen 24
Arzt 84 f.
Aufräumen 38
Aufstehrituale 22, 24
Aufwachlied 22
Aufwachrituale 21
Ausflüge 100

B
Babys 56 ff.
Babytuch 59
Baderitual 47
Basteln 116
Bäumchen pflanzen 61
Begrüßungsrituale 74
Bequemlichkeit 12
Bescherung 121
Betthimmel 49
Bettruhe 84
Bezugsperson, neue 76
Brummtopf 122

E
Eifersucht 88
Eigenständigkeit 72 ff.
Einschlafgedicht 50
Einschlafhilfen 51
einschränkende Rituale 12
Elternbett 53
Elternrituale 96
Entspannung 40 ff., 57
Erntedankfest 115
erster Schultag 79
Erziehung 15 f.
Essen 26 ff.
 – , gesundes 34
Extra-Sonntag 98

F
Familienbande 15
Familienfeste 105 ff.
Familienkonferenz 81, 99
Familienleben 13 ff., 94
Familientraditionen 13, 15, 99 ff.
Fasching 123
Fastenzeit 122
Fernsehen 39
Feste, christliche 11
Fingerspiel zum Wachwerden 23
Fondue 120
Freiräume 37
Freizeit 36 ff.
Frühling 110 f.
Frühstück 27 f.
Frühstücksritual 28
Füßchen-Massage 43

G
Geborgenheit 52 f.
Geburt 60
Geburtsfest 60 f.
Geburtstagslied 107
Gefahren von Ritualen 12
Gemüse 34
Geschwisterchen 88 f.
Gesellschaft 11
Gewohnheit 10, 12
Grenzen setzen 14
Gutenachtgeschichte 49 f.

H
Haare waschen 48
Halloween 116
Hausmusik 100
Haustier 91
Herbst 115 ff.
Höhle 43

J
Jahreswechsel 122
Jahreszeitentisch 110, 112, 115, 118

K
Karneval 123
Kinderarzt 84 f.
Kindergarten 75 f.
Kindergarten-Abschiedsfest 77 f.
Kindergeburtstag 106 ff.
Kompromisse 81 f.
Konflikte 81 f.
Körperkontakt 48, 63

Körperpflege 25
Krankheiten 82
Krisen 64 ff., 80 ff.
Küchenarbeit 29
Küchentage, besondere 30

L
Lach-dich-wach-Ritual 23
Langeweile 37, 40
Laternenfest 117
Luftballongeburtstag 109

M
Mahlzeiten 31
Mama-Duft 59
Martinstag 117
Massage 48
Milchzähne 78
Morgenmuffel 27
Morgenrituale 20 ff.
Mürbteig 29
Musik 51, 58, 100

N/O
Nacht 44 ff.
negative Rituale 12
neue Rituale 11, 15
Nikolaus 120
Ostern 110 f.

R
Regeln 14 f.
Rituale 8 ff.
Rollenspiele 32
Ruheinseln 37, 42
Ruherituale 41 f.

S
Salat 34
Sauberwerden 65 f.
Schlafengehen 44 ff., 49
Schnitzeljagd 112
Schnuller 67
Schokoladentage 97
Schule 77 ff.
Schwangerschaft, Rituale in der 57 f.
Schweineessen 33
Silvester 122
Sinn von Ritualen 12
Sinne 57
Sommer 112 ff.
Sonntagsrituale 95 ff.
Spaziergänge 100 ff.
Spiele 108, 111, 114
Spielzeit 37, 40
Stammbaum 105
Stille-Übung 42
Stillzeit 62 f.
Stimmungsuhr 24
Strafrituale 2
Streiten 81 f.
Süßigkeiten 35
Süßigkeiten-Kommode 35

T
Talisman 87
Teig kneten 29, 71
Tischgebet 32
Tischsitten 31
Tod 90 f.
Töpfchen 65 f.
Trauer 90 f.

Träume 52
Trennungsgegenstand 28
Trösterchen 59
Trostlied 84
Trostrituale 87
Trotzphase 68 ff.
Turnstunde 38

U/V
Übergangsritual 21
Urlaub 103
Verwöhnrituale 82 f.
Vorbild 82
Vorlesen 49 f.

W
Wachmacher 22 f.
Wald 102
Waschen 25
Waschspiele 47
Wasserwelten 47
Wecken
Weihnachten 120 f.
Wetter, schlechtes 103
Wiederholung 10
Windel 65 f.
Winter 118 ff.
Wochenende 95 ff.
Wut verarbeiten 71, 81
Wutausbrüche 69 ff.

Z
Zähneputzen 25
Zahnfee 78
Zelten im Garten 113
Zwangsrituale 12

Impressum

© 2008 GRÄFE UND UNZER VERLAG GmbH, München
Erweiterte und aktualisierte Neuausgabe von *Die schönsten Rituale für Kinder*, GRÄFE UND UNZER VERLAG 2003, ISBN 3-7742-4803-6

Alle Rechte vorbehalten. Nachdruck, auch auszugsweise, sowie Verbreitung durch Bild, Funk, Fernsehen und Internet, durch fotomechanische Wiedergabe, Tonträger und Datenverarbeitungssysteme jeder Art nur mit schriftlicher Genehmigung des Verlages.

Programmleitung: Ulrich Ehrlenspiel
Redaktion: Reinhard Brendli
Lektorat: Barbara Kohl

Fotos: Corbis: vordere Umschlagseite, S. 6, 36, 44; Digital vision: S. 1, 8; Getty: S. 2, 54, 94, hintere Umschlagseite; Image Source: S. 20, 92; Petra Kunze: S. 4; Mauritius: S. 3, 18, 26; Photothek: S. 72; Picture Press: S. 56, 104; Plainpicture: S. 80; Stock4b: S. 64

Illustrationen: Belicta Castelbarco

Layout: independent Medien-Design (Claudia Hautkappe)
Herstellung: Petra Roth
Satz: Uhl + Massopust, Aalen
Lithos: Repro Ludwig, Zell am See
Druck: Firmengruppe APPL, aprinta druck, Wemding
Bindung: Firmengruppe APPL, sellier druck, Freising

ISBN 978-3-8338-0510-3

1. Auflage 2008

Die **GU-Homepage** finden Sie im Internet unter **www.gu-online.de**

Umwelthinweis
Dieses Buch wurde auf chlorfrei gebleichtem Papier gedruckt. Um Rohstoffe zu sparen, haben wir auf Folienverpackung verzichtet.

Wichtiger Hinweis
Die Methoden und Anregungen in diesem Buch stellen die Meinung beziehungsweise Erfahrung der Verfasserinnen dar. Sie wurden von den Autorinnen nach bestem Wissen erstellt und mit größtmöglicher Sorgfalt geprüft. Dennoch können nur Sie selbst entscheiden, ob und inwieweit diese Vorschläge auf Ihre eigene Lebenssituation übertragbar und für Sie beziehungsweise Ihr Kind passend und hilfreich sind. Keinesfalls können sie jedoch eine kompetente, persönliche medizinische oder therapeutische Beratung ersetzen.
Weder Autoren noch Verlag können für eventuelle Nachteile oder Schäden, die aus den im Buch gegebenen praktischen Hinweisen resultieren, eine Haftung übernehmen.

Ein Unternehmen der
GANSKE VERLAGSGRUPPE

Liebe Leserin und lieber Leser,

wir freuen uns, dass Sie sich für ein GU-Buch entschieden haben. Mit Ihrem Kauf setzen Sie auf die Qualität, Kompetenz und Aktualität unserer Ratgeber. Dafür sagen wir Danke! Wir wollen als führender Ratgeberverlag noch besser werden. Daher ist uns Ihre Meinung wichtig. Bitte senden Sie uns Ihre Anregungen, Ihre Kritik oder Ihr Lob zu unseren Büchern. Haben Sie Fragen, oder benötigen Sie weiteren Rat zum Thema? Wir freuen uns auf Ihre Nachricht!

GRÄFE UND UNZER VERLAG
Leserservice
Postfach 86 03 13
81630 München

Wir sind für Sie da!
Montag–Donnerstag: 8.00–18.00 Uhr
Freitag: 8.00–16.00 Uhr

Tel.: 0180-5005054*
Fax: 0180-5012054*

*(0,14 €/Min. aus dem dt. Festnetz/Mobilfunkpreise können abweichen.)

E-Mail: leserservice@graefe-und-unzer.de

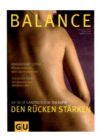

Wollen Sie noch mehr Aktuelles von GU erfahren, dann abonnieren Sie doch unseren kostenlosen GU-Online-Newsletter und/oder unsere kostenlosen Kundenmagazine.

Unsere Garantie

Alle Informationen in diesem Ratgeber sind sorgfältig und gewissenhaft geprüft. Sollte dennoch einmal ein Fehler enthalten sein, schicken Sie uns das Buch mit dem entsprechenden Hinweis an unseren Leserservice zurück. Wir tauschen Ihnen den GU-Ratgeber gegen einen anderen zum gleichen oder einem ähnlichen Thema um.

GRÄFE UND UNZER

Ein Unternehmen der
GANSKE VERLAGSGRUPPE